AF385527

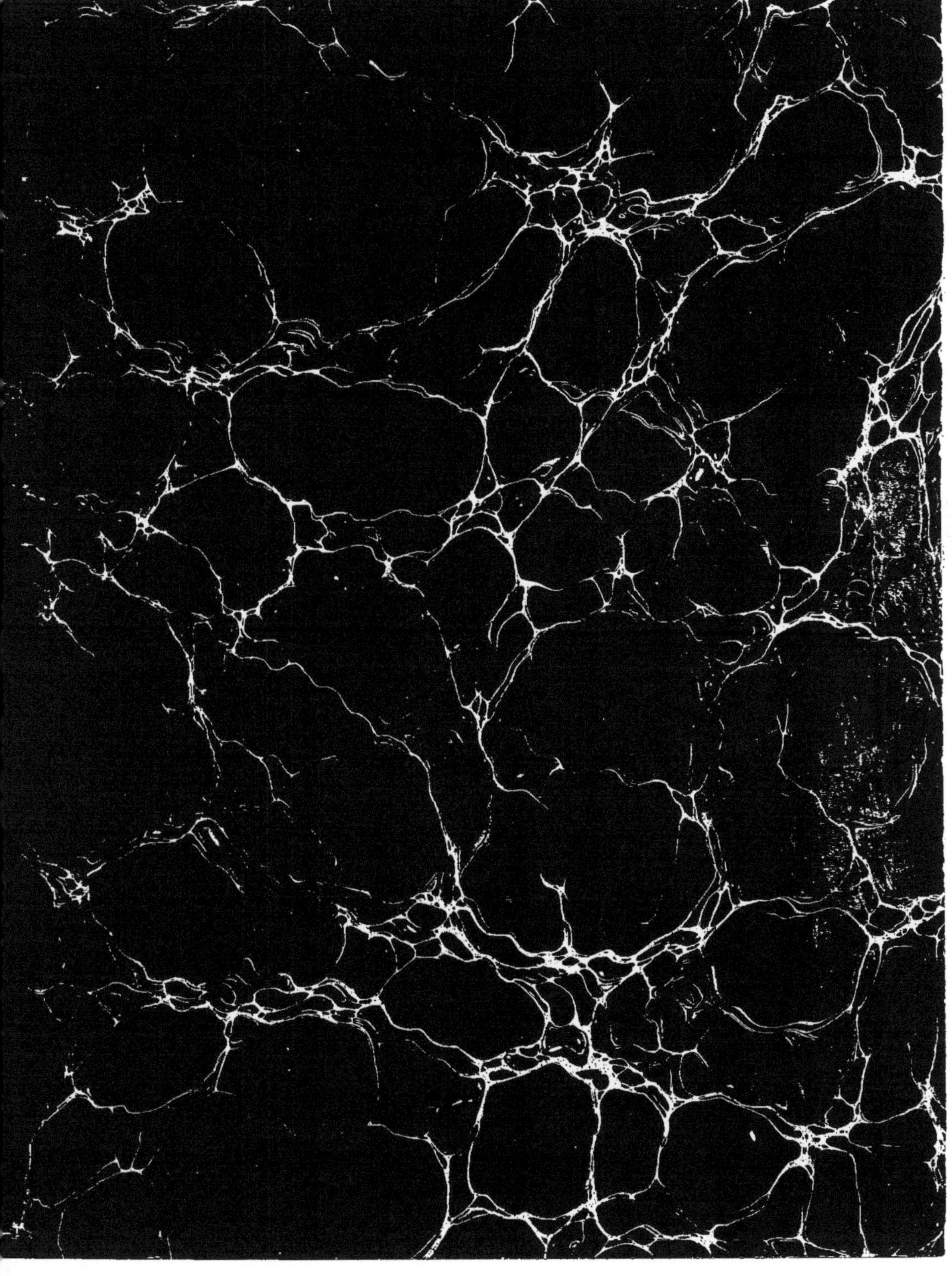

COMMISSION SPÉCIALE

DES THÉATRES ROYAUX.

RECUEIL D'ORDONNANCES,

DÉCRETS

ET DOCUMENS DIVERS.

RECUEIL D'ORDONNANCES,

DÉCRETS

ET DOCUMENS DIVERS.

Mars 1672.

PRIVILÉGE *pour l'Établissement de l'Académie royale de Musique, en faveur du sieur Lully.*

Louis, etc.

Les sciences et les arts étant les ornemens les plus considérables des États, nous n'avons point eu de plus agréables divertissemens, depuis que nous avons donné la paix à nos peuples, que de les faire revivre, en appelant auprès de nous tous ceux qui se sont acquis la réputation d'y exceller, non seulement dans l'étendue de notre royaume, mais aussi dans les pays étrangers. Et pour les obliger davantage à s'y perfectionner, nous les avons honoré des marques de notre estime et de notre bienveillance; et, comme entre les arts libéraux, la musique y tient l'un des premiers rangs, nous aurions dans le dessein de la faire réussir avec tous ses avantages, par nos lettres-patentes du 28 juin 1669, accordé au sieur Perrin une permission d'établir en notre bonne Ville de Paris et autres de notre royaume, des académies de musique, pour chanter en public des pièces de théâtre, comme il se pratique en Italie, en Allemagne et en Angleterre, pendant l'espace de douze années; mais ayant depuis été informé que les peines et les soins que ledit sieur Perrin a pris pour cet établissement, n'ont pu seconder pleine_

1

ment notre intention et élever la musique au point que nous nous l'étions promis, nous avons cru, pour y mieux réussir, qu'il était à propos d'en donner la conduite à une personne dont l'expérience et la capacité nous fussent connues, et qui eût assez de suffisance pour former des élèves, tant pour bien chanter et actionner sur le théâtre, qu'à dresser des bandes de violons, flûtes et autres instrumens. A ces causes, bien informé de l'intelligence et grande connaissance que s'est acquis notre cher et bien amé Jean-Baptiste Lully au fait de la musique, dont il nous a donné et donne journellement de très-agréables preuves depuis plusieurs années qu'il s'est attaché à notre service, qui nous ont convié de l'honorer de la charge de Surintendant et compositeur de la musique de notre Chambre, nous avons audit sieur Lully permis et accordé, permettons et accordons par ces présentes, signées de notre main, d'établir une Académie royale de Musique dans notre bonne ville de Paris, qui sera composée de tel nombre et qualité de personnes qu'il avisera bon être, que nous choisirons et arrêterons sur le rapport qu'il nous en fera, pour faire des représentations devant nous, quand il nous plaira, des pièces de musique qui seront composées tant en vers français qu'autres langues étrangères, pareilles et semblables aux Académies d'Italie, pour en jouir sa vie durant et, après lui, celui de ses enfans qui sera pourvu en survivance de ladite charge de surintendant de la musique de notre Chambre, avec pouvoir d'associer avec lui qui bon lui semblera pour l'établissement de ladite Académie ; et pour le dédommagement des grands frais qu'il conviendra de faire pour lesdites représentations, tant à cause des théâtres, machines, décorations, habits, qu'autres choses nécessaires, Nous lui permettons de donner au public toutes les pièces qu'il aura composées, même celles qui auront été représentées devant Nous, sans néanmoins qu'il puisse se servir pour l'exécution desdites pièces, des musiciens qui sont à nos gages ; comme aussi de prendre telles sommes qu'il jugera à propos et d'établir des gardes et autres gens nécessaires aux portes du lieu où se feront lesdites représentations ; faisant très-expresse inhibition et défense à toutes personnes, de quelque qualité et condition qu'elles soient, même aux officiers de notre Maison, d'y entrer sans payer, comme aussi de faire chanter aucune pièce entière en musique, soit en vers français ou autres langues, sans la permission par écrit dudit sieur Lully, à peine de dix mille livres d'amende et de confiscation de théâtre, machines, décorations, habits et autres choses, applicable un tiers à Nous, un tiers à l'hôpital général, et l'autre tiers audit sieur Lully, lequel pourra aussi établir des écoles particulières de musique en notre bonne ville de Paris, et partout où il jugera nécessaire, pour le bien et l'avantage de ladite Académie, et d'autant que Nous l'exigeons sur le pied de celles des académies d'Italie, où les gentilshommes chantent publiquement en musique, sans déroger. « Nous voulons et Nous plaît, que tous gentilshommes et damoiselles « puissent chanter auxdites pièces et représentations de notre- « dite Académie royale, sans que pour ce ils soient censés « déroger audit titre de noblesse, ni à leurs priviléges, charges, « droits et immunités. » Révoquons, cassons et annulons par ces présentes tous provisions et priviléges que nous pourrions avoir ci-devant donnés et accordés, même celui dudit sieur Perrin, pour raison desdites pièces de théâtre en musique, sous quelque nom, qualité, condition et prétexte que ce puisse être. Si, donnons en mandement à nos amis et féaux conseillers, les gens tenant notre Cour de parlement à Paris, et autres nos justiciers et officiers qu'il appartiendra, que ces présentes ils aient à faire lire, publier et registrer; et du contenu en icelles, faire jouir et user ledit exposant pleinement et paisiblement, cessant et faisant cesser tout trouble et empêchement au contraire; Car tel est notre plaisir. Et afin que ce soit chose ferme et stable à toujours, Nous y avons fait mettre notre scel.

Donné à Versailles, au mois de mars, l'an de grâce 1672; et de notre règne le vingt-neuvième.

Signé LOUIS.

Et plus bas : COLBERT.

19 Avril 1732.

ORDONNANCE DU ROI *qui interdit à toute personne d'entrer sur le Théâtre de l'Opéra.*

Sa Majesté étant informée que les ordres qu'elle a fait donner au directeur de l'Opéra de ne laisser entrer aucune personne sur le théâtre, n'étaient pas exécutés, et Sa Majesté, voulant rendre sa volonté publique à cet égard, a ordonné et ordonne qu'à l'avenir aucune personne, de quelque état et qualité qu'elle puisse être, ne pourra entrer sur le théâtre de l'Opéra, à l'exception de celles qui ont loué des loges dont l'entrée est par le théâtre, ou qui auront des cachets pour aller dans lesdites loges ;

Défend très-expressément, Sa Majesté, à toutes les personnes qui ont lesdites loges sur le théâtre, à celles qui auront des cachets pour y entrer, de se tenir dans les coulisses ni dans les loges des actrices ;

Enjoint, Sa Majesté, au sergent des gardes de l'Opéra, de tenir la main avec une entière exactitude à l'exécution de sa présente ordonnance.

19 Avril 1732.

ORDONNANCE DU ROI *qui défend à toute personne, même aux officiers et gens de la Maison du Roi, d'entrer à l'Opéra sans payer, et qui contient en outre plusieurs défenses pour l'ordre et la police intérieure du spectacle.*

Sa Majesté, voulant que les défenses qui ont été faites et qu'elle a renouvelées à l'exemple du feu roi, d'entrer à l'Opéra sans payer, et d'interrompre le spectacle sous aucun prétexte, soient régulièrement observées ; et étant informée que quelques personnes ne s'y conforment pas aussi exactement qu'elle le désire, Sa Majesté a fait très-expresse inhibition et défense à toutes personnes, de quelque qualité et condition qu'elles soient, même aux officiers de sa maison, gardes, gens d'armes, chevau-légers, mousquetaires et autres, d'entrer sans payer ; défend pareillement à tous ceux qui assisteront à ce spectacle, et particulièrement à ceux qui se placeront au parterre, d'y commettre aucun désordre, en entrant ni en sortant, de crier ni de faire du bruit avant que le spectacle commence, de siffler et de faire des huées, d'avoir le chapeau sur la tête et d'interrompre les acteurs pendant les représentations, de quelque manière et sous quelque prétexte que ce soit, à peine de désobéissance ; fait semblables défenses, et sous les mêmes peines à toutes personnes, d'entrer sur le théâtre de l'Opéra, et de s'arrêter dans les coulisses qui y servent d'entrée, même aux acteurs et actrices d'y paraître avec d'autres habits que ceux du théâtre. Défend aussi, Sa Majesté, à tous domestiques portant livrée, sans aucune réserve, exception ni distinction, d'entrer à l'Opéra, même en payant, de commettre aucune violence, indécence ou autres désordres aux entrées ni aux environs de la salle où se font les représentations, sous telles peines qu'Elle jugera convenables. Ordonne, Sa Majesté, d'emprisonner les contrevenans ; défend expressément à toutes personnes, telles qu'elles puissent être, aux officiers de sa maison et autres, de s'opposer directement ou indirectement à ce qui est ci-dessus ordonné, et d'empêcher par la force ou autrement que ceux qui y contreviendront ne soient arrêtés et conduits en prison.

---

16 Thermidor an 3 (3 Août 1795).

LOI *qui établit un Conservatoire de Musique à Paris.*

La Convention nationale, après avoir entendu le rapport de ses Comités d'instruction publique et des finances, décrète :

ARTICLE PREMIER.

Le Conservatoire de Musique, créé sous le nom d'Institut national, par décret du 18 brumaire an II de la République française, est établi dans la commune de Paris pour exécuter et en-seigner la musique.

Il sera composé de cent quinze artistes.

Art. 2.

Sous le rapport d'exécution, il est employé à célébrer les fêtes nationales; sous le rapport d'enseignement, il est chargé de former les élèves dans toutes les parties de l'art musical.

Art. 3.

Six cents élèves des deux sexes reçoivent gratuitement l'ins-truction dans le Conservatoire; ils sont choisis proportionnel-lement dans tous les départemens.

Art. 4.

La surveillance de toutes les parties de l'enseignement dans ce Conservatoire, et de l'exécution dans les fêtes publiques, est confiée à cinq inspecteurs de l'enseignement, choisis parmi les compositeurs.

Art. 5.

Les cinq inspecteurs de l'enseignement sont nommés par l'Institut national des Sciences et Arts.

Art. 6.

Quatre professeurs, pris indistinctement parmi les artistes du Conservatoire, en forment l'administration, conjointement avec les cinq inspecteurs de l'enseignement.

Ces quatre professeurs sont nommés et renouvelés tous les ans par les artistes du Conservatoire.

Art. 7.

L'Administration est chargée de la police intérieure du Con-servatoire, et de veiller à l'exécution des décrets du Corps-Législatif ou des arrêtés des autorités constituées relatifs à cet établissement.

Art. 8.

Les artistes nécessaires pour compléter le Conservatoire, ne peuvent l'être que par la voie du concours.

Art. 9.

Le concours est jugé par l'Institut national des Sciences et Arts.

Art. 10.

Une bibliothèque nationale de musique est formée dans le Conservatoire; elle est composée d'une collection complète des partitions et ouvrages traitant de cet art; des instrumens antiques ou étrangers, et de ceux à nos usages qui peuvent, par leur perfection, servir de modèles.

Art. 11.

Cette bibliothèque est publique, et ouverte à des époques fixées par l'Institut national des Sciences et Arts, qui nomme le bibliothécaire.

Art. 12.

Les appointemens fixes de chaque inspecteur de l'enseignement sont établis à *cinq mille livres* par an; ceux du secrétaire à quatre mille livres, ceux du bibliothécaire à trois mille livres.

Trois classes d'appointemens sont établies pour les autres artistes. Vingt-huit places à 2,500 livres forment la première classe; cinquante-quatre places à 2,000 livres forment la seconde classe; et vingt-huit places à 1,600 livres forment la troisième classe.

Art. 13.

Les dépenses d'administration et d'entretien du Conservatoire sont réglées et ordonnancées par le pouvoir exécutif, d'après les états fournis par l'Administration du Conservatoire; ces dépenses sont acquittées par le Trésor public.

Art. 14.

Après vingt années de service, les membres du Conservatoire central de Musique ont, pour retraite, la moitié de leurs appointemens : après cette époque, chaque année de service augmente cette retraite d'un vingtième desdits appointemens.

Art. 15.

Le Conservatoire fournit tous les jours un corps de musiciens pour le service de la garde nationale près le Corps-Législatif.

8 Juin 1806.

DÉCRET *sur la Police des Théâtres.*

TITRE Ier.

Des Théâtres de la capitale.

ARTICLE PREMIER.

Aucun Théâtre ne pourra s'établir dans la capitale sans notre autorisation spéciale, sur le rapport qui nous en sera fait par notre Ministre de l'Intérieur.

Art. 2.

Tout entrepreneur qui voudra obtenir cette autorisation sera tenu de faire la déclaration prescrite par la loi, et de justifier, devant notre Ministre de l'Intérieur, des moyens qu'il aura pour assurer l'exécution de ses engagemens.

Art. 3.

Le Théâtre dit *de Louvois* sera placé à l'*Odéon* aussitôt que les réparations seront achevées.

Les entrepreneurs du *Théâtre Montansier*, d'ici au 1er janvier 1807, établiront leur Théâtre dans un autre local.

Art. 4.

Les répertoires de l'*Opéra*, de la *Comédie-Française* et de l'*Opéra-Comique*, seront arrêtés par le Ministre de l'Intérieur, et nul autre Théâtre ne pourra représenter à Paris des pièces comprises dans les répertoires de ces grands Théâtres, sans leur autorisation, et sans leur payer une rétribution qui sera réglée de gré à gré, et avec l'autorisation du Ministre.

Art. 5.

Le Ministre de l'Intérieur pourra assigner à chaque Théâtre un genre de spectacle, dans lequel il sera tenu de se renfermer.

Art. 6.

L'*Opéra* pourra seul donner des ballets ayant les caractères qui sont propres à ce Théâtre, et qui seront déterminés par le Ministre de l'Intérieur.

Il sera le seul Théâtre qui pourra donner des bals masqués.

TITRE II.

Théâtres des départemens.

Art. 7.

Dans les grandes villes de l'empire, les Théâtres seront réduits au nombre de deux ; dans les autres villes il n'en pourra subsister qu'un. Tous devront être munis de l'autorisation du Préfet, qui rendra compte de leur situation au Ministre de l'Intérieur.

Art. 8.

Aucune troupe ambulante ne pourra subsister sans l'autorisation des Ministres de l'Intérieur et de la Police. Le Ministre de l'Intérieur désignera les arrondissemens qui leur seront destinés, et en préviendra les Préfets.

Art. 9.

Dans chaque chef-lieu de département, le Théâtre principal jouira seul du droit de donner des bals masqués.

TITRE III.

Des Auteurs.

Art. 10.

Les auteurs et les entrepreneurs seront libres de déterminer entre eux, par des conventions mutuelles, les rétributions dues aux premiers par somme fixe ou autrement.

Art. 11.

Les autorités locales veilleront strictement à l'exécution de ces conventions.

Art. 12.

Les propriétaires d'ouvrages dramatiques posthumes ont les mêmes droits que l'auteur, et les dispositions sur la propriété des auteurs et sa durée, leur sont applicables, ainsi qu'il est dit au décret du 1er germinal an XIII.

TITRE IV.

Dispositions générales:

Art. 13.

Tout entrepreneur qui aura fait faillite ne pourra plus rouvrir de Théâtre.

Art. 14.

Aucune pièce ne pourra être jouée sans l'autorisation du Ministre de la Police.

Art. 15.

Les Spectacles de curiosités seront soumis à des réglemens particuliers, et ne porteront plus le titre de Théâtres.

25 Avril 1807.

RÉGLEMENT *pour les Théâtres.*

Le Ministre de l'Intérieur, en exécution du décret du 8 juin 1806, relatif aux Théâtres, arrête ce qui suit :

TITRE Ier.

Des Théâtres de Paris.

ARTICLE PREMIER.

Les Théâtres dont les noms suivent sont considérés comme *grands Théâtres,* et jouiront des prérogatives attachées à ce titre par le décret du 8 juin 1806 :

1° Le *Théâtre-Français.*

Ce Théâtre est spécialement consacré à la *tragédie* et à la *comédie.*

Son répertoire est composé 1° de toutes les pièces (tragédies, comédies et drames) jouées sur l'ancien Théâtre de l'hôtel de Bourgogne, sur celui que dirigeait *Molière,* et sur le Théâtre qui s'est formé de la réunion de ces deux établissemens, et qui a existé sous diverses dénominations jusqu'à ce jour; 2° des comédies jouées sur les Théâtres dits *Italiens,* jusqu'à l'établissement de l'*Opéra-Comique.*

L'*Odéon* sera considéré comme une annexe du Théâtre-Français, pour la comédie seulement.

Son répertoire contient : 1° les comédies et drames spécialement composés pour ce Théâtre; 2° les comédies jouées sur les Théâtres dits *Italiens,* jusqu'à l'établissement de l'*Opéra-Comique :* ces dernières pourront être représentées par l'*Odéon* concurremment avec le *Théâtre-Français.*

2° Le *Théâtre de l'Opéra.*

Ce Théâtre est spécialement consacré au chant et à la danse :

son répertoire est composé de tous les ouvrages, tant opéras que ballets, qui ont paru depuis son établissement en 1646.

1° Il peut seul représenter les pièces qui sont entièrement en musique et les ballets du genre noble et gracieux : tels sont tous ceux dont les sujets ont été puisés dans la mythologie ou dans l'histoire, et dont les principaux personnages sont des dieux, des rois ou des héros.

2° Il pourra aussi donner (mais non exclusivement à tout autre Théâtre) des ballets représentant des scènes champêtres ou des actions ordinaires de la vie.

3° Le *Théâtre de l'Opéra-Comique.*

Ce Théâtre est spécialement destiné à la représentation de toute espèce de comédies ou drames mêlés de couplets, d'ariettes et de morceaux d'ensemble.

Son répertoire est composé de toutes les pièces jouées sur le Théâtre de l'*Opéra-Comique* avant et après sa réunion à la *Comédie-Italienne*, pourvu que le dialogue de ces pièces soit coupé par du chant.

L'*Opéra-Buffa* doit être considéré comme une annexe de l'*Opéra-Comique*. Il ne peut représenter que des pièces écrites en italien.

ART. 2.

Aucun des airs, romances et morceaux de musique qui auront été exécutés sur les Théâtres de l'*Opéra* et de l'*Opéra-Comique*, ne pourra, sans l'autorisation des auteurs ou propriétaires, être transporté sur un autre Théâtre de la capitale, même avec des modifications dans les accompagnemens, que cinq ans après la première représentation de l'ouvrage dont ces morceaux font partie.

ART. 3.

Seront considérés comme *Théâtres secondaires :*
1° Le *Théâtre du Vaudeville.*

Son répertoire ne doit contenir que de petites pièces mêlées de couplets, sur des airs connus, et des parodies.

2° Le *Théâtre des Variétés, boulevart Montmartre.*

Son répertoire est composé de petites pièces dans le genre *grivois, poissard* ou *villageois,* quelquefois mêlées de couplets également sur des airs connus.

3° Le *Théâtre de la Porte-Saint-Martin.*

Il est spécialement destiné au genre appelé *mélodrame,* aux pièces à grand spectacle. Mais dans les pièces du répertoire de ce Théâtre, comme dans toutes les pièces des Théâtres secondaires, on ne pourra employer pour les morceaux de chant que des airs connus.

On ne pourra donner sur ce Théâtre des ballets dans le genre historique et noble; ce genre, tel qu'il est indiqué plus haut, étant exclusivement réservé au grand *Opéra.*

4° Le *Théâtre de la Gaîté.*

Il est spécialement destiné aux *pantomimes* de tous genres, mais sans ballets; aux *arlequinades* et autres *farces* dans le goût de celles données autrefois par *Nicolet* sur ce Théâtre.

5° Le *Théâtre des Variétés étrangères.*

Le répertoire de ce Théâtre ne pourra être composé que de pièces traduites des *Théâtres étrangers.*

Art. 4.

Les autres Théâtres actuellement existant à Paris, autorisés par la Police antérieurement au décret du 8 juin 1806, seront considérés comme annexes ou doubles des *Théâtres secondaires:* chacun des directeurs de ces établissemens est tenu de choisir, parmi les genres qui appartiennent aux Théâtres secondaires, le genre qui paraîtra convenir à son Théâtre.

Ils pourront jouer, ainsi que les Théâtres secondaires, quelques pièces des répertoires des grands Théâtres, mais seulement avec l'autorisation des administrations de ces spectacles, et après qu'une rétribution due aux grands Théâtres aura été réglée de gré à gré, conformément à l'article 4 du décret du 8 juin, et autorisée par le Ministre de l'Intérieur.

Art. 5.

Aucun des Théâtres de Paris ne pourra jouer des pièces qui sortiraient du genre qui lui a été assigné.

Mais lorsqu'une pièce aura été refusée à l'un des trois grands Théâtres, elle pourra être jouée sur l'un ou l'autre des Théâtres de Paris, pourvu toutefois que la pièce se rapproche du genre assigné à ce Théâtre.

Art. 6.

Lorsque les directeurs et entrepreneurs de spectacles voudront s'assurer que les pièces qu'ils ont reçues ne sortent point du genre de celles qu'ils sont autorisés à représenter, et éviter l'interdiction inattendue d'une pièce dont la mise en scène aurait pu leur occasionner des frais, ils pourront déposer un exemplaire de ces pièces dans les bureaux du Ministère de l'Intérieur.

Lorsqu'une pièce ne paraîtra pas être du genre qui convient au Théâtre qui l'aura reçue, les entrepreneurs ou directeurs de ce Théâtre en seront prévenus par le Ministre.

L'examen des pièces dans les bureaux du Ministère de l'Intérieur, et l'approbation donnée à leur représentation, ne dispenseront nullement les directeurs de recourir au Ministère de la Police, où les pièces doivent être examinées sous d'autres rapports.

Art. 7.

Pour que les Théâtres n'aient pas à souffrir de cette détermination et distribution de genres, le Ministre leur permet de conserver en entier leurs anciens répertoires, quand même il s'y trouverait quelques pièces qui ne fussent pas du genre qui leur est assigné ; mais ces anciens répertoires devront rester rigoureusement tels qu'ils ont été déposés dans les bureaux du Ministère de l'Intérieur, et arrêtés par le Ministre.

Par cet article, toutefois, il n'est nullement contrevenu à l'article 4 du décret du 8 juin, qui ne permet à aucun Théâtre de Paris de jouer les pièces des grands Théâtres sans leur payer une rétribution.

TITRE II.

Répertoire des Théâtres dans les départemens.

ART. 8.

Dans les départemens, les troupes *permanentes* ou *ambulantes* pourront jouer soit les pièces des répertoires des grands Théâtres, soit celles des Théâtres secondaires et de leurs doubles (sauf les droits des auteurs ou des propriétaires de ces pièces).

ART. 9.

Dans les villes où il y a deux Théâtres, le *principal Théâtre* jouira spécialement du droit de représenter les pièces comprises dans les répertoires des grands Théâtres ; il pourra aussi, mais avec l'autorisation du Préfet, choisir et jouer quelques pièces des Théâtres secondaires, sans que pour cela l'autre Théâtre soit privé du droit de jouer ces mêmes pièces.

Le *second Théâtre* jouira spécialement du droit de représenter les pièces des répertoires des Théâtres secondaires ; il ne pourra jouer les pièces des trois grands Théâtres que dans les suppositions suivantes :

1° Si les auteurs mêmes lui ont vendu ou donné leurs pièces ;

2° Si le premier Théâtre n'a point joué telle ou telle pièce depuis plus d'un an, à compter du jour de sa première représentation à Paris sur un des grands Théâtres : dans ce cas, le second Théâtre pourra jouer cette pièce pendant une année entière, et même plus long-temps, si pendant le cours de cette année la pièce n'a point été représentée par le principal Théâtre.

Au reste, le Préfet, dans les villes où il y a deux Théâtres, peut en outre autoriser le second Théâtre à représenter des pièces des grands répertoires, toutes les fois qu'il le jugera convenable.

Lorsque le second Théâtre, dans ces villes, sera préparé à la représentation d'une pièce du genre de celles qui forment son répertoire, le grand Théâtre ne pourra empêcher ni retarder cette représentation sous aucun prétexte, et quand même il prouverait qu'il a obtenu du Préfet l'autorisation de jouer la même pièce.

TITRE III.

Désignation des arrondissemens destinés aux troupes de comédiens ambulans.

ART. 10.

Les villes qui ne peuvent avoir de spectacle que pendant une partie de l'année, ont été classées de manière à former vint-cinq *arrondissemens*.

Le tableau de ces arrondissemens, et celui du nombre de troupes qui paraîtrait nécessaire pour chacun d'eux, sont joints au présent réglement.

ART. 11.

Aucun entrepreneur de spectacles ne pourra envoyer de troupes ambulantes dans l'un ou l'autre de ces arrondissemens, 1° s'il n'y a été formellement autorisé par le Ministre de l'Interieur, devant lequel il devra faire preuve des moyens qu'il peut avoir de remplir ses engagemens; 2° s'il n'est, en outre, muni de l'approbation du Ministre de la Police générale.

ART. 12.

Les entrepreneurs de spectacles qui se présenteront pour tel ou tel arrondissement devront, *avant le 1er août prochain*, et dans les années subséquentes toujours avant la même époque :

1° Désigner le nombre de sujets dont seront composées la troupe ou les troupes qu'ils se proposent d'employer;

2° Indiquer à quelle époque leurs troupes se rendront, et combien de temps ils s'engageront à les faire rester dans chaque ville de l'arrondissement postulé par eux.

Art. 13.

Chaque autorisation ne sera accordée que pour trois années au plus. Les conditions auxquelles ces concessions seront faites seront communiquées aux Préfets, qui en surveilleront l'exécution.

L'inexécution de ces conditions sera dénoncée au Ministre par les Préfets, et punie par la révocation des autorisations, et, s'il y a lieu, par des indemnités qui seront versées dans la caisse des pauvres.

Art. 14.

Des doubles de chacune des autorisations accordées aux entrepreneurs de spectacles par le Ministre de l'Intérieur, seront envoyés au Ministre de la Police générale, pour qu'il donne de son côté à ces entrepreneurs une approbation particulière, s'il n'y trouve aucun inconvénient. Il lui sera donné connaissance de toutes les mutations qui pourront survenir parmi les entrepreneurs de spectacles.

Art. 15.

Dans les villes où un Théâtre peut subsister pendant toute l'année, l'autorisation d'y établir une troupe sera accordée par les Préfets, conformément à l'article 7 du décret du 8 juin. Ce seront également les Préfets qui accorderont ces autorisations dans les villes où il y a deux Théâtres.

Art. 16.

Les autorisations pour les troupes ambulantes seront délivrées aux entrepreneurs de spectacles dans le courant de l'année 1807. La nouvelle organisation des spectacles en cette partie devra être en pleine activité au renouvellement de *l'année théâtrale* (en avril 1808). En attendant, les Préfets sont autorisés à suivre, à l'égard des troupes ambulantes, les dispositions qui ont été en vigueur jusqu'à ce jour, s'ils n'y ont déjà dérogé.

TITRE IV.

Dispositions générales.

ART. 17.

Les spectacles n'étant point au nombre des jeux publics auxquels assistent les fonctionnaires en leur qualité, mais des amusemens préparés et dirigés par des particuliers qui ont spéculé sur le bénéfice qu'ils doivent en retirer, personne n'a le droit de jouir gratuitement d'un amusement que l'entrepreneur vend à tout le monde. Les autorités n'exigeront donc d'entrées gratuites des entrepreneurs que pour le nombre d'individus jugé indispensable pour le maintien de l'ordre et de la sûreté publique.

ART. 18.

Il est fait défense aux entrepreneurs, directeurs ou régisseurs de spectacles et concerts, d'engager aucun élève des écoles de chant ou de déclamation du Conservatoire, sans l'autorisation spéciale du Ministre de l'Intérieur.

ART. 19.

L'autorité chargée de la police des spectacles prononcera provisoirement sur toutes les contestations, soit entre les directeurs et les acteurs, soit entre les directeurs et les auteurs ou leurs agens, qui tendraient à interrompre le cours ordinaire des représentations; et la décision provisoire pourra être exécutée, nonobstant le recours vers l'autorité à laquelle il appartiendra de juger le fond de la contestation.

Fait à Paris, le 25 avril 1807.

Le Ministre de l'Intérieur,

Signé CHAMPAGNY.

29 Juillet 1807.

DÉCRET *sur les Théâtres.*

Au Palais de Saint-Cloud, etc.

TITRE Ier.

Dispositions générales.

ARTICLE PREMIER.

Aucune représentation à bénéfice ne pourra avoir lieu que sur le Théâtre même dont l'administration ou les entrepreneurs auront accordé le bénéfice de ladite représentation. Les acteurs des grands Théâtres de Paris ne pourront jamais paraître, dans ces représentations, que sur le Théâtre auquel ils appartiennent.

ART. 2.

Les Préfets, Sous-Préfets et Maires sont tenus de ne pas souffrir que, sous aucun prétexte, les acteurs des quatre grands Théâtres de la capitale, qui auront obtenu un congé pour aller dans les départemens, y prolongent leur séjour au-delà du temps fixé par le congé; en cas de contravention, les directeurs des spectacles seront condamnés à verser à la caisse des pauvres le montant de la recette des représentations qui auront eu lieu après l'expiration du congé.

ART. 3.

Aucune nouvelle salle de spectacle ne pourra être construite, aucun déplacement d'une troupe d'une salle dans une autre ne pourra avoir lieu, dans notre bonne ville de Paris, sans une autorisation donnée par nous, sur le rapport de notre Ministre de l'Intérieur.

TITRE II.

Du nombre des Théâtres, et des règles auxquelles ils sont assujétis.

Art. 4.

Le *maximum* du nombre des Théâtres de notre bonne ville de Paris est fixé à huit; en conséquence, sont seuls autorisés à ouvrir, afficher et représenter, indépendamment des quatre grands Théâtres mentionnés en l'article 1er du réglement de notre Ministre de l'Intérieur, en date du 25 avril dernier, les entrepreneurs ou administrateurs des quatre Théâtres suivans :

1° Le Théâtre de la *Gaîté*, établi en 1760; celui de l'*Ambigu-Comique*, établi en 1772, boulevart du Temple; lesquels joueront concurremment des pièces du même genre désignées aux paragraphes 3 et 4 de l'article 3 du réglement de notre Ministre de l'Intérieur.

2° Le Théâtre des *Variétés*, boulevart Montmartre, établi en 1777, et le Théâtre du *Vaudeville*, établi en 1792; lesquels joueront concurremment des pièces du même genre désignées aux paragraphes 1 et 2 de l'art. 3 du réglement de notre Ministre de l'Intérieur.

Art. 5.

Tous les Théâtres non autorisés par l'article précédent seront fermés avant le 15 août. En conséquence, on ne pourra représenter aucune pièce sur d'autres Théâtres dans notre bonne ville de Paris, que ceux ci-dessus désignés, sous aucun prétexte, ni y admettre le public, même gratuitement, faire aucune affiche, distribuer aucun billet imprimé ou à la main, sous les peines portées par les lois et réglemens de police.

Art. 6.

Le réglement susdaté, fait par notre Ministre de l'Intérieur, est approuvé, pour être exécuté dans toutes les dispositions auxquelles il n'est pas dérogé par notre présent décret.

1ᵉʳ Novembre 1807.

DÉCRET *daté de Fontainebleau (Surintendance des grands Théâtres).*

Article premier.

Un officier de notre Maison sera chargé de la surintendance des quatre grands Théâtres de la capitale, sous le titre de Surintendant des spectacles.

Art. 2.

Les Sociétaires du *Théâtre-Français,* du Théâtre *Feydeau,* et du Théâtre de l'*Odéon,* ne pourront faire aucun changement à leurs statuts actuels qu'avec son autorisation.

Art. 3.

Il prononcera sur toutes les difficultés qui viendraient à s'élever relativement à l'admission définitive des nouveaux sujets.

Art. 4.

Les pensions, retraites, gratifications, seront accordées sur sa proposition.

Art. 5.

Les répertoires proposés par les Comités ou Conseils des Théâtres seront soumis à son approbation.

Art. 6.

Le budget des dépenses de chaque Théâtre lui sera soumis tous les ans avant le 1ᵉʳ décembre, pour être présenté à notre approbation.

Les comptables de chaque Théâtre rendront leurs comptes de l'année précédente, au plus tard, au mois de février de l'année suivante ; ces comptes seront présentés au Surintendant.

Art. 7.

Toute transaction qui viendrait à être passée par les Théâtres ou par les agens pour eux, devra être approuvée par le Surintendant.

De la Discipline.

Art. 8.

Aucun des sujets des grands spectacles ne pourra quitter l'un ou l'autre de ces Théâtres sans la permission du Surintendant.

Art. 9.

Lorsqu'un sujet, ayant dix ans de service, aura réitéré pendant une année la demande de sa retraite, et qu'il déclarera qu'il est dans l'intention de ne plus jouer sur aucun Théâtre, ni français ni étranger, sa retraite ne pourra lui être refusée.

Art. 10.

Aucun sujet ne pourra s'absenter sans un congé du Surintendant, qui ne pourra en accorder ni depuis le 1ᵉʳ décembre jusqu'au 1ᵉʳ mai, ni pour plus de deux mois.

Art. 11.

La police, sur le personnel des Théâtres, sera exercée à l'*Académie de Musique* par le Directeur, et dans les autres Théâtres par les personnes qui en ont été chargées jusqu'à ce jour.

Art. 12.

Tout sujet qui aura fait manquer le service, soit en refusant, sans excuses jugées valables, de remplir un rôle dans son emploi, soit en ne se trouvant pas présent au moment indiqué pour son service, soit enfin par toute autre faute d'insubordination quelconque envers ses supérieurs, pourra être condamné, suivant la gravité des cas, ou à une amende, ou aux arrêts.

Art. 13.

Les sujets qui seront mis aux arrêts ne pourront être conduits dans la maison de l'Abbaye que sur l'autorisation du Surintendant.

Art. 14.

La durée des arrêts ne pourra être prolongée au-delà de huit jours, sans qu'il nous en soit rendu compte.

Art. 15.

Tant que dureront les arrêts, tous appointemens et toute part quelconque dans les produits du spectacle cesseront de courir au profit de celui qui sera détenu.

De l'Administration de l'Académie de Musique.

Art. 16.

L'Administration de l'*Académie de Musique* sera composée d'un Directeur, d'un Administrateur comptable, et d'un Inspecteur nommé par nous.

Il y aura un Secrétaire général également nommé par nous.

Ils prêteront, entre les mains de notre Ministre de l'Intérieur, le serment de remplir avec fidélité leurs fonctions.

Art. 17.

Le Directeur sera chargé en chef de tout ce qui concerne l'Administration et la direction. Il est le principal responsable, et le supérieur immédiat de tous les artistes ; il nomme à tous les emplois et il donne les mandats pour tous les paiemens.

Art. 18.

L'Administrateur comptable sera subordonné au Directeur pour tout ce qui concerne l'exercice de ses fonctions, à l'exception néanmoins de ce qui regarde le budget, dont il est le gardien, et dont il ne peut dépasser les articles sans compromettre sa responsabilité personnelle, sauf à faire insérer ses observations au procès-verbal du Conseil d'Administration, dont il est parlé ci-après.

ART. 19.

Il y aura un Conseil d'Administration présidé par le Directeur, et composé de l'Administrateur comptable, de l'inspecteur, et de trois sujets de notre *Académie de Musique*, les plus méritans par leur probité, leurs talens et leur esprit de conciliation, et désignés chaque année par le Surintendant.

Le Secrétaire-général de l'Administration tiendra la plume.

Ce Conseil se réunira au moins une fois par semaine : le Directeur pourra le convoquer lorsqu'il le jugera convenable.

ART. 20.

Les membres de ce Conseil n'auront que voix consultative, la décision appartenant dans tous les cas au Directeur. Mais chaque membre pourra faire ses observations, soit sur la police du Théâtre, soit sur le choix des pièces, soit sur les abus qu'il croirait apercevoir dans la manutention des magasins ou dans la dépense, soit sur les moyens d'accroître les recettes et d'ajouter à l'éclat du spectacle.

Le Secrétaire-général sera tenu d'insérer ces observations au procès-verbal, qui sera remis par le Directeur au Surintendant : le Directeur pourra y joindre ses observations particulières.

ART. 21.

Le budget des dépenses de chaque année, et les états à l'appui, seront rédigés au Conseil d'Administration, et présentés au Surintendant avant le 1er décembre, avec les observations soit des membres du Conseil, soit du Directeur.

ART. 22.

Tous les marchés seront portés à la connaissance du Conseil d'Administration.

Art. 23.

Le répertoire sera arrêté au Conseil d'Administration les 14 et
3o de chaque mois, pour la quinzaine suivante.

S'il résulte du procès-verbal qui sera adressé au Surintendant
des différences d'opinions sur la composition du répertoire, le
Surintendant pourra statuer définitivement.

Art. 24.

Lorsque les pièces ou ballets nouveaux auront été admis par le
jury, le devis de la dépense sera arrêté au Conseil d'Administration, et présenté à notre approbation par le Surintendant.

Il en sera de même pour les ouvrages qui seront remis au Théâtre.

Le machiniste sera admis à la séance du Conseil, et interpellé
de déclarer, sur sa responsabilité, si les décorations existantes
en magasin peuvent ou ne peuvent point être employées, ou ne
peuvent servir qu'en tel nombre pour la pièce nouvelle ou remise.

Art. 25.

Il sera nommé tous les ans une Commission de notre Conseil-
d'État pour recevoir les comptes de l'*Opéra*, et s'assurer que les
budgets, devis et réglemens ont été exécutés.

Cette Commission se fera remettre tous les six mois les états de
recettes et de dépenses, et fera l'inspection de toutes les parties
du service.

Dispositions générales.

Art. 26.

Toutes les réserves de loges, entrées de faveur ou de bienveillance, billets *gratis* et facilités semblables sont supprimés dans
les quatre grands Théâtres, sauf les entrées personnelles des auteurs, et l'exécution du concordat en vertu duquel les sujets des
grands Théâtres ont respectivement leurs entrées dans des pro-
portions déterminées entre eux.

Art. 27.

Le Surintendant fera les réglemens d'administration intérieure qu'il jugera nécessaires. Les réglemens qui concerneront les bases de l'association dans les Théâtres organisés en société, seront soumis à notre approbation.

Art. 28.

Les décrets et réglemens rendus jusqu'à ce jour pour l'administration des grands Théâtres, sont maintenus en tout ce qui n'est pas contraire aux dispositions ci-dessus.

20 Janvier 1811.

DÉCRET *portant réglement des Pensions à accorder pour raison des services relatifs à l'Académie impériale de Musique.*

NAPOLÉON, etc.

Sur le rapport de la Commission de notre Conseil-d'État, chargé de l'examen des comptes de l'Académie impériale de Musique;

Vu les réglemens faits pour cet établissement par notre premier Préfet du Palais, les 5 vendémiaire an 14 et cinquième jour complémentaire an 13;

Vu nos décrets du 20 ventose an 13 et du 21 août 1806, ensemble le rapport de notre Ministre du Trésor public, en date du 1ᵉʳ août 1810;

Notre Conseil-d'État entendu,

Nous avons décrété et décrétons ce qui suit :

TITRE Iᵉʳ.

Des Fonds de retenue pour les Pensions.

ARTICLE PREMIER.

Il continuera d'être fait une retenue sur les traitemens fixes des personnes attachées à l'Académie impériale de Musique, en qualité de membres de l'Administration, d'artistes du chant, de la danse ou de l'orchestre ; de premier et second machinistes, premier peintre de décoration, premier dessinateur des costumes ; d'inspecteurs particuliers des différentes parties du service, de concierge et d'employés aux écritures dans les bureaux de l'Administration.

Art. 2.

Cette *retenue* est *destinée* à former un fonds de retraite. Tous les traitemens fixes des personnes désignées en l'article précédent y seront *assujétis à l'avenir*, quelle que soit leur quotité, et quel que soit l'âge des personnes qui jouissent desdits traitemens.

Art. 3.

La retenue ordonnée par les articles précédens sera de deux pour cent sur les traitemens qui ne passeront pas 1,000 francs ;
De trois pour cent sur ceux de 1,000 à 2,000 francs ;
De quatre pour cent sur les traitemens de 2,000 à 5,000 francs ;
Enfin, de cinq pour cent sur ceux au-dessus de 5,000 francs.

Art. 4.

Il sera, en outre, fait *une retenue de cinq pour cent* sur toutes les sommes payées aux auteurs et compositeurs, soit à titre de part d'auteur, soit à titre de gratification après la quarantième représentation. Cette retenue accroîtra le fonds de retraite.

Art. 5.

Le montant de ces retenues *sera versé*, de mois en mois, à la *Caisse d'amortissement*, et le versement ne pourra être négligé ni retardé par quelque motif que ce puisse être.

Art. 6.

Sera *joint* au fonds de retenue, et *versé* de même à la *Caisse d'amortissement*, le *produit des amendes* encourues par les personnes attachées à l'Opéra, dans les cas prévus par les réglemens.

4.

Art. 7.

Les retenues et amendes dont il vient d'être parlé ne pourront, dans aucun cas, et sous aucune forme, être restituées aux personnes qui les auront subies, ni à leurs héritiers.

TITRE II.

Fonds du Trésor pour les Pensions.

Art. 8.

Pendant l'espace de six années, à compter du 1*er* février 1811, le *fonds de quatre-vingt-trois mille cinq cents francs*, inscrit au registre des pensions à la charge du Trésor public, pour servir celles de l'Académie impériale de Musique, conformément à notre décret du 20 ventose an 13, demeurera affecté à cette destination. En conséquence, les portions de ces fonds qui deviendront disponibles, soit par le décès des pensionnaires, soit à raison de la jouissance qu'ils pourraient avoir, ou qu'ils viendraient à obtenir de quelque traitement d'activité, seront spécialement affectés aux pensions nouvelles que nous jugerons à propos d'accorder aux personnes attachées à ladite Académie.

TITRE III.

Des règles pour accorder des Pensions.

Art. 9.

La proposition de nouvelles pensions nous sera faite, dans le courant du mois de janvier de chaque année, par le Surintendant des spectacles; il nous sera rendu compte en même temps des extinctions qui auront eu lieu pendant le cours de l'année précédente, tant sur le Trésor public que sur la Caisse d'amortissement. Il sera statué sur le tout en Conseil-d'État, d'après les règles ci-après.

Art. 10.

Les pensions proposées seront divisées en trois classes.

La première comprendra les pensions réclamées pour accidens graves survenus à des artistes, à des machinistes et à des ouvriers, dans l'exercice de leur emploi, et qui seraient de nature à les empêcher de pourvoir à leur subsistance par leur travail. Ces pensions ne pourront, dans aucun cas, excéder le taux qui sera fixé ci-après, et elles pourront être moindres suivant les circonstances, et suivant la durée plus ou moins longue des services du sujet réclamant.

La seconde classe comprendra celles qui seront dues à l'âge et à la durée du service, et sollicitées par les parties elles-mêmes.

La troisième, enfin, comprendra celles que l'Administration demandera pour les artistes qu'il lui paraîtra nécessaire de remplacer, et qui auront d'ailleurs les conditions d'âge et de services prescrites par le présent décret.

Chaque classe ne sera appelée à obtenir des pensions que lorsque les classes précédentes auront obtenu celles auxquelles elles avaient droit.

En cas d'insuffisance de fonds pour faire droit à toutes les demandes des trois premières classes, la préférence sera accordée aux individus les plus infirmes, puis aux plus âgés, enfin, à ceux qui seront le plus dénués de ressources.

Art. 11.

Les pensions de la seconde et troisième classe ne seront réputées acquises qu'après un nombre d'années de service non interrompu, déterminé à raison des différens emplois, ainsi qu'il suit :

Aux membres de l'Administration, premier et second machinistes, premier peintre des décorations, premier dessinateur des costumes, inspecteurs particuliers, concierges et employés, après trente années de services, et lorsqu'ils auront atteint, d'ailleurs, l'âge de soixante ans ;

Aux musiciens de l'orchestre, quels qu'ils soient, à l'âge de cinquante ans, après vingt-cinq ans de service;

Aux artistes des chœurs : pour les hommes, à cinquante ans ; pour les femmes, à quarante-cinq ans, après vingt-cinq ans de service ;

Aux artistes du corps des ballets : pour les hommes, à quarante-cinq ans; pour les femmes, à quarante-deux ans, après vingt-deux ans de service ;

Enfin, à tous autres artistes du chant et de la danse, à quarante-deux ans pour les hommes, et à quarante ans pour les femmes, après vingt ans de service.

Les années devront être révolues et le temps de service avoir été sans interruption et consécutif.

Art. 12.

Les pensions acquises après le temps de service ci-dessus déterminé, et d'après les dispositions de l'art. 9 du présent décret, sont divisées en sept classes proportionnées aux appointemens; savoir :

Pour les appointemens

De 600 à 1,900.	moitié.
De 1,901 à 2,300.	1,000 fr.
De 2,400 à 2,900.	1,200
De 3,000 à 4,900.	1,400
De 5,000 à 5,900.	1,600
De 5,901 à 9,900.	2,000
De 10,000 et au-dessus. . . .	2,400

Art. 13.

Le taux fixé par l'article précédent pour chaque pension à accorder, suivant la proportion des appointemens, sera le maximum de ces pensions, lesquelles ne pourront, dans aucun cas, être augmentées, quel que soit le nombre d'années de service et l'âge des pensionnaires.

Art. 14.

Les pensions de 2,000 francs et de 2,400 francs ne pourront être accordées que quand les personnes qui les réclameront auront été, pendant cinq ans révolus, aux appointemens qui y donnent droit; dans le cas contraire, elles ne pourront avoir droit qu'à la pension immédiatement au-dessous.

Art. 15.

A l'avenir, les auteurs et compositeurs ne pourront avoir droit à la pension de 1,000 francs, qui leur est accordée par l'art. 108 du réglement du 1ᵉʳ vendémiaire an 14, que lorsqu'ils auront mis au Théâtre trois grands ouvrages ayant obtenu chacun quarante représentations. Cette pension augmentera de 500 francs par chaque grand ouvrage suivant.

Trois actes séparés seront regardés comme un grand ouvrage.

Art. 16.

Aucune pension obtenue sur les fonds énoncés au présent décret, pour raison des services relatifs à l'Académie impériale de Musique, ne pourra être cumulée avec un traitement d'activité, soit à l'Opéra, soit dans tout autre établissement.

Art. 17.

Les pensionnaires qui sortiront du territoire de l'Empire perdront tout titre à quelque pension que ce soit, réglée ou à régler.

Art. 18.

A la mort d'un pensionnaire, il sera payé à l'époux survivant ou à ses enfans une demi-année de sa pension.

Art. 19.

Notre Ministre du Trésor public et notre Intendant des spectacles sont chargés, chacun en ce qui les concerne, de l'exécution du présent décret.

15 Octobre 1812.

DÉCRET *sur la surveillance, l'organisation, l'administration, la comptabilité, la police et discipline du Théâtre Français.*

NAPOLÉON, etc.

Sur le rapport de notre Ministre de l'Intérieur ;
Notre Conseil-d'État entendu,
Nous avons décrété et décrétons ce qui suit :

TITRE I".

De la Direction et Surveillance du Théâtre-Français.

ARTICLE PREMIER.

Le Théâtre-Français continuera d'être placé sous la surveillance et la direction du Surintendant de nos spectacles.

ART. 2.

Un Commissaire impérial, nommé par nous, sera chargé de transmettre aux comédiens les ordres du Surintendant. Il surveillera toutes les parties de l'administration et de la comptabilité.

ART. 3.

Il sera chargé, sous sa responsabilité, de faire exécuter, dans toutes leurs dispositions, les réglemens et les ordres de service du Surintendant.

A cet effet, il donnera personnellement tous les ordres nécessaires.

ART 4.

En cas d'inexécution ou de violation des réglemens, il en dressera procès-verbal, et le remettra au Surintendant.

TITRE II.

De l'Association du Théâtre-Français.

SECTION Ire.

De la Division en parts.

ART. 5.

Les comédiens de notre Théâtre-Français continueront d'être réunis en Société, laquelle sera administrée selon les règles ci-après.

ART. 6.

Le produit des recettes, tous les frais et dépenses prélevés, sera divisé en vingt-quatre parts.

ART. 7.

Une de ces parts sera mise en réserve, pour être affectée, par le Surintendant, aux besoins imprévus ; si elle n'est pas employée en entier, le surplus sera distribué à la fin de l'année entre les Sociétaires.

ART. 8.

Une demi-part sera mise en réserve pour augmenter le fonds des pensions de la Société.

ART. 9.

Une demi-part sera employée annuellement en décorations, ameublemens, costumes du magasin, réparations des loges et en-tretien de la salle, d'après les ordres du surintendant. Les réser-ves ordonnées par les articles 7, 8 et 9, n'auront lieu que succes-sivement et à mesure des vacances.

ART 10.

Les vingt-deux parts restantes continueront d'être reparties entre les comédiens Sociétaires, depuis un huitième de part jus-qu'à une part entière, qui sera le *maximum*.

Art. 11.

Les parts ou portions de parts vacantes seront accordées ou distribuées par le Surintendant de nos spectacles.

SECTION II.

Des Pensions et Retraites.

§ 1er. *Du temps nécessaire pour obtenir la pension, et de sa quotité.*

Art. 12.

Tout Sociétaire qui sera reçu, contractera l'engagement de jouer pendant vingt ans ; et après vingt ans de services non interrompus, il pourra prendre sa retraite, à moins que le Surintendant ne juge à propos de le retenir.

Les vingt ans dateront du jour des débuts, lorsqu'ils auront été immédiatement suivis de l'admission à l'essai et ensuite dans la Société.

Art 13.

Le Sociétaire qui se retirera après vingt ans, aura droit, 1° à une pension viagère de 2,000 francs, sur les fonds affectés au Théâtre-Français par le décret du 13 messidor an X ; 2° à une pension de pareille somme sur le fonds de la Société dont il est parlé à l'article 8.

Art. 14.

Si le Surintendant juge convenable de prolonger le service d'un Sociétaire au-delà de vingt ans, il sera ajouté, quand il se retirera, cent francs de plus par an à chacune des pensions dont il est parlé à l'article précédent.

Art. 15.

Un Sociétaire qu'un accident ayant pour cause immédiate le service de notre Théâtre-Français ou des théâtres de nos palais, obligerait de se retirer avant d'avoir accompli ses vingt ans, recevra en entier les pensions fixées par l'article 13.

Art. 16.

En cas d'incapacité de servir, provenant d'une autre cause que celle énoncée en l'article 15, le Sociétaire pourra, même avant ses vingt ans de service, être mis en retraite par ordre du Surintendant.

En ce cas, et s'il a plus de dix ans de service, il aura droit à une pension sur les fonds du gouvernement, et une sur les fonds des Sociétaires ; chacune de ces pensions sera de 100 francs par année de service s'il était à part entière, de 75 francs s'il était à trois quarts de part, et ainsi dans la proportion de sa part dans les bénéfices de la Société.

Art. 17.

Si le Sociétaire a moins de dix ans de service, le Surintendant pourra nous proposer la pension qu'il croira convenable de lui accorder, selon les services rendus à la Société et les circonstances où il se trouvera.

Art. 18.

Toutes ces pensions seront accordées par décisions rendues en notre Conseil-d'État, sur l'avis du comité, comme il a statué pour notre Académie impériale de Musique par notre décret du 20 janvier 1811.

§ II. *Des Moyens de paiement des Pensions.*

Art. 19.

Les pensions accordées sur le fonds de 100,000 francs de rente accordé par nous à notre Théâtre-Français, seront acquittées tous les trois mois sur les fonds qui seront touchés à la caisse d'amortissement.

Art. 20.

En cas d'insuffisance, il y sera pourvu avec la part mise en réserve pour les besoins imprévus.

Art. 21.

Pour assurer le paiement des pensions accordées sur les fonds particuliers de la Société, il sera prélevé chaque année et mois par mois, sur la recette générale, une somme de 50,000 francs.

Art. 22.

Cette somme sera versée entre les mains du notaire du Théâtre-Français, et placée par lui à mesure pour le compte de la Société, selon les règles prescrites par l'article 32.

Art. 23.

Aucun Sociétaire ne peut aliéner ni engager la portion pour laquelle il contribue au fonds de cette rente.

Art. 24.

A la retraite de chaque Sociétaire ou à son décès, le remboursement du capital de cette retenue sera fait à chaque Sociétaire ou à ses héritiers, au prorata de ce qu'il y aura contribué.

Art. 25.

Tout Sociétaire qui quittera le théâtre sans en avoir obtenu la permission du surintendant, perdra la somme pour laquelle il aura contribué, et n'aura droit à aucune pension.

Art. 26.

Jusqu'à ce qu'au moyen des dispositions ci-dessus, une rente de 50,000 francs soit entièrement constituée, les pensions de la société seront payées tant sur les intérêts des fonds mis en réserve, que sur les recettes générales de chaque mois.

Art. 27.

Quand la rente sera constituée, s'il y a de l'excédant après le paiement annuel des pensions, il en sera disposé pour l'avantage de la Société, avec l'autorisation du surintendant.

SECTION III.

De la Retraite des Acteurs aux appointemens et Employés.

Art. 28.

Après vingt ans ou plus de services non interrompus par un acteur ou une actrice aux appointemens, après dix ans de service seulement en cas d'infirmités, enfin en cas d'accident, comme il est dit pour les Sociétaires, art. 15, le Surintendant pourra nous proposer d'accorder, moitié sur le fonds de 100,000 francs, moitié sur celui de la Société, une pension, laquelle, tout compris, ne pourra excéder la moitié du traitement dont l'acteur ou l'actrice aura joui les trois dernières années de son service.

Art. 29.

Le Commissaire impérial pourra aussi obtenir une retraite ou pension d'après les règles établies en l'article 28 ; mais elle sera payée en entier sur le fonds de 100,000 francs.

TITRE III.

SECTION 1re.

De l'Administration des intérêts de la Société.

Art. 30.

Un Comité composé de six hommes membres de la Société, présidé par le Commissaire impérial, et ayant un secrétaire pour tenir registre des délibérations, sera chargé de la régie et administration des intérêts de la Société.

Le Surintendant nommera, chaque année, les membres de ce Comité.

Ils seront indéfiniment rééligibles.

Trois de ses membres seront chargés de l'expédition de ses résolutions.

ART. 31.

Le Surintendant pourra les révoquer et remplacer à volonté.

ART. 32.

Les fonctions de ce Comité seront particulièrement :

1° De dresser, chaque année, le budget ou état présumé des dépenses de tout genre, de le soumettre à l'examen de l'assemblée générale des Sociétaires et à l'approbation du Surintendant;

2° D'ordonner et faire acquitter, dans les limites portées au budget pour chaque nature de dépenses, celles qui seront nécessaires pour toutes les parties du service; à l'effet de quoi, un de ses membres sera préposé à la signature des ordres de fourniture ou de travail, et des mandats de paiement;

3° De la passation de tous marchés, obligations pour le service, ou actes pour la Société;

4° D'inspecter, régler et ordonner dans toutes les parties de la salle, du théâtre, des magasins, etc.;

5° De vérifier les recettes, d'inspecter la caisse et de faire effectuer le paiement des parts, traitemens, pensions ou sommes mises en réserve selon le présent réglement;

6° D'exercer pour tous recouvremens, ou en tout autre cas, tant en demandant qu'en défendant, toutes les actions et droits de la Société, après avoir toutefois pris l'avis de l'assemblée générale et l'autorisation du Surintendant.

SECTION II.

Des Dépenses, Paiemens, et de la Comptabilité.

ART. 33.

Le caissier sera nommé par le Comité, et soumis à l'approbation du Surintendant.

Il fournira en immeubles un cautionnement de 60,000 francs, dont les titres seront vérifiés par le notaire du théâtre, qui fera faire tous les actes conservatoires au nom de la Société.

Art. 34.

A la fin de chaque mois, les états de recette et dépense seront arrêtés par le Comité, et approuvés par le Commissaire impérial.

Art. 35.

D'après cet arrêté et cette approbation, seront prélevés sur la recette, d'abord les droits d'auteur, ensuite toutes les dépenses : 1° pour appointemens d'acteurs, traitemens d'employés ou gagistes ; 2° la somme prescrite pour le fonds des pensions de la Société ; 3° le montant des mémoires, tant pour dépenses courantes que fournitures extraordinaires.

Art. 36.

Le reste sera partagé conformément aux articles 6, 7, 8, 9 et 10.

Art. 37.

Le caissier touchera, tous les trois mois, à la caisse d'amortissement, le quart des 100,000 francs de rente affectés au Théâtre-Français, et soldera, avec ces 25,000 francs, et, au besoin, avec le produit de la part dont il est parlé à l'article 7, sur des états dressés par le Commissaire impérial, et arrêtés par le Surintendant. 1° les pensions des acteurs retirés ou autres pensionnaires ; 2° les indemnités pour supplément d'appointemens accordées aux acteurs; 3° le traitement du Commissaire impérial ; 4° le loyer de la salle.

Art. 38.

A la fin de chaque année, le caissier dressera le compte des recettes et dépenses, pour les fonds de la Société.

Art. 39.

Ce compte sera remis au Comité, qui l'examinera et donnera son avis.

Il sera présenté ensuite à l'assemblée générale des Sociétaires, qui pourra nommer une Commission de trois de ses membres, pour le revoir, et y faire des observations, s'il y a lieu, dans une autre assemblée générale.

Enfin, le compte sera soumis au Surintendant, qui l'approuvera, s'il y a lieu.

Art. 40.

Le caissier dressera également le compte des 100,000 francs accordés par le Gouvernement, et des parts mises à la disposition du Surintendant. Ce compte sera visé par le Commissaire impérial, et arrêté par le Surintendant.

Art. 41.

Sur la part réservée aux besoins imprévus, il pourra être accordé par le Surintendant, aux acteurs ou actrices qui se trouveraient chargés de dépenses trop considérables de costumes ou de toilette, une autorisation pour se faire faire par le magasin les habits pour jouer un ou plusieurs rôles.

SECTION III.

Des Assemblées générales.

Art. 42.

L'assemblée générale de tous les Sociétaires est convoquée nécessairement par le Comité, et a lieu pour les objets suivans :

1° Au plus tard dans la première semaine du dernier mois de l'année, pour examiner et donner son avis sur le budget de l'année suivante, conformément au paragraphe 1er de l'article 32 ;

2° Au plus tard dans la dernière semaine du premier mois de chaque année, pour examiner le compte de l'année précédente, et ensuite pour entendre le rapport de la Commission, s'il y en a eu une de nommée.

Art. 43.

L'assemblée générale doit être, en outre, convoquée par le Comité toutes les fois qu'il y a lieu à placement de fonds, actions à soutenir, en défendant ou demandant, dépenses à faire excédant celles autorisées par le budget ; cas auxquels l'assemblée générale doit donner son avis, après quoi le Surintendant décide, après avoir vu l'avis du Conseil dont il est parlé au titre VII.

Art. 44.

L'assemblée générale peut, au surplus, être convoquée par ordre du Surintendant, quand il juge nécessaire de la consulter, ou avec son autorisation, si le Comité la demande, pour tous les cas extraordinaires et imprévus.

TITRE IV.

De l'Administration théâtrale.

SECTION Iʳᵉ.

Disposition générale.

Art. 45.

Le Comité établi par l'article 3o sera également chargé de tout ce qui concerne l'administration théâtrale, la formation des répertoires, l'exécution des ordres de début, la réception des pièces nouvelles, sous la surveillance du Commissaire impérial et l'autorité du Surintendant.

SECTION II.

Des Répertoires.

§ 1er. *De la Distribution des Emplois.*

ART. 46.

Le Surintendant déterminera, aussitôt la publication du présent réglement, la distribution exacte des différens emplois.

Il fera dresser en conséquence un état général de toutes les pièces, soit sues, soit à remettre, avec les noms des acteurs et actrices sociétaires qui doivent jouer en premier, en double et en troisième, les rôles de chacune de ces pièces, selon leur emploi et leur ancienneté, afin qu'il n'y ait plus aucune contestation à cet égard.

ART. 47.

Nul acteur ou actrice ne pourra tenir en premier deux emplois différens, sans une autorisation spéciale du Surintendant, qui ne l'accordera que rarement, et pour de puissans motifs.

ART. 48.

Si un acteur ou actrice tenant un emploi en chef veut jouer dans un autre ; par exemple, si, tenant un emploi tragique, il veut jouer dans la comédie, ou si, jouant les rôles de jeune premier, il veut jouer un autre emploi, il ne pourra primer celui qui tenait l'emploi en chef auparavant ; mais il tiendra ledit emploi en second, quand même il serait plus ancien que son camarade.

Notre Surintendant pourra seulement l'autoriser à jouer les rôles du nouvel emploi qu'il voudra prendre, alternativement avec celui qui les jouait en chef ou en premier.

§ II. *De la Formation du Répertoire.*

ART. 49.

Le répertoire sera formé dans le Comité établi par l'article 3o,

auquel seront adjointes, pour cet objet seulement, deux femmes
sociétaires, conformément à l'arrêt du Conseil du 9 décembre 1780.

Art. 50.

Les répertoires seront faits de manière que chaque rôle ait un
second ou double désigné, qui puisse jouer à défaut de l'acteur en
premier, s'il y a des excuses valables, et sans que, pour cause de
l'absence d'un ou plusieurs acteurs en premier, la pièce puisse
être changée ou sa représentation retardée.

Art. 51.

Pour veiller à l'exécution du répertoire, deux Sociétaires seront
adjoints au Comité sous le titre de *semainiers ;* chaque Sociétaire
sera semainier à son tour.

Art. 52.

Si un double étant chargé d'un rôle par le répertoire, tombe
malade, le chef, se portant bien, sera tenu de le jouer, sur l'avis
que lui en donnera le semainier.

Art. 53.

Un acteur en chef ne pourra refuser de jouer ni abandonner
tout-à-fait à son double aucun des premiers rôles de son emploi ;
il les jouera, bons ou mauvais, quand il sera appelé par le répertoire.

Art. 54.

Aucun acteur en chef ne pourra se réserver un ou plusieurs
rôles de son emploi. Le Comité prendra les mesures nécessaires
pour que les doubles soient entendus par le public dans les principaux rôles de leurs emplois respectifs trois ou quatre fois par
mois.

Il veillera également à ce que les acteurs à l'essai soient mis à
portée d'exercer leurs talens et de faire juger leurs progrès.

Les acteurs jouant les rôles en second pourront réclamer en cas d'inexécution du présent article; et le Surintendant donnera des ordres sans délai pour que le Comité s'y conforme, sous peine, envers l'acteur en chef opposant et chacun des membres du Comité qui n'y auront pas pourvu, d'une amende de 3oo francs.

Notre Commissaire près le théâtre sera responsable de l'inexécution du présent article, s'il n'a dressé procès-verbal des contraventions, à l'effet d'y faire pourvoir par le Surintendant, et de faire payer les amendes.

<h3 style="text-align:center">Art. 55.</h3>

Nos comédiens seront tenus de mettre tous les mois un grand ouvrage, ou du moins deux petits ouvrages, nouveaux ou remis.

Dans le nombre de ces pièces seront des pièces d'auteurs vivans.

Il est enjoint au Comité et au Surintendant de tenir la main à l'exécution de cet article.

<h3 style="text-align:center">Art. 56.</h3>

Les assemblées des samedis de chaque semaine continueront d'avoir lieu; et tous les acteurs seront tenus de s'y trouver pour prendre communication du répertoire.

Il continuera d'être délivré des jetons aux acteurs présens.

<h3 style="text-align:center">Art. 57.</h3>

Tous acteurs ou actrices pourront faire des observations, et demander des changemens au répertoire pour des motifs valables, sur lesquels il sera statué provisoirement par le Commissaire impérial, et définitivement par le Surintendant.

<h3 style="text-align:center">Art. 58.</h3>

Le répertoire se fera, la première fois, pour quinze jours. Il en sera envoyé copie au préfet de police.

Le samedi d'après, se fera celui de la semaine ensuivant, et ainsi successivement.

Art. 59.

Quand le répertoire aura été réglé, chacun sera tenu de jouer le rôle pour lequel il aura été inscrit, à moins de causes légitimes approuvées par le Comité présidé par le Commissaire impérial, et dont il sera rendu compte au Surintendant, sous peine de 150 fr. d'amende.

Art. 60.

Si un acteur ayant fait changer la représentation pour cause de maladie, est aperçu dans une promenade, un spectacle, ou s'il sort de chez lui, il sera mis à une amende de 300 francs.

SECTION III.

Des Débuts.

Art. 61.

Le Surintendant donnera seul les ordres de début sur notre Théâtre-Français. Les débuts n'auront pas lieu du 1er novembre jusqu'au 15 avril.

Art. 62.

Ces ordres seront présentés au Comité, qui sera tenu de les enregistrer, et de mettre au premier répertoire les trois pièces que les débutans demanderont.

Art. 63.

Le Surintendant pourra appeler pour débuter, les élèves de notre Conservatoire, ceux de maîtres particuliers, ou les acteurs des autres théâtres de notre empire ; auquel cas, leurs engagemens seront suspendus, et rompus s'ils sont admis à l'essai.

Art. 64.

Les acteurs et actrices qui auront des rôles dans ces pièces, ne pourront refuser de les jouer, sous peine de 150 francs d'amende.

Art. 65.

On sera obligé indispensablement à une répétition entière pour chaque pièce où les débutans devront jouer, sous peine de 25 fr. d'amende pour chaque absent.

Art. 66.

Le Comité proposera ensuite d'autres rôles à jouer par le débutant ; et le Surintendant en déterminera trois que le débutant sera tenu de jouer après des répétitions particulières et une répétition générale, comme il est dit à l'article 65.

Art. 67.

Les débutans qui auront eu des succès et annoncé des talens, seront reçus à l'essai au moins pour un an, et ensuite comme Sociétaires par le Surintendaut, selon qu'il le jugera convenable.

TITRE V.

Des Pièces nouvelles et des Auteurs.

Art. 68.

La lecture des pièces nouvelles se fera devant un Comité composé de neuf personnes choisies parmi les plus anciens Sociétaires, par le Surintendant, qui nommera en outre trois suppléans pour que le nombre des membres du Comité soit toujours complet.

Art. 69.

L'admission a lieu à la pluralité absolue des voix.

Art. 70.

Si une partie des voix est pour le renvoi à correction, on refait un tour de scrutin sur la question du renvoi, et on vote par *oui* ou *non*.

Art. 71.

S'il n'y a que quatre voix pour le renvoi à correction, la pièce est reçue.

Art. 72.

La part d'auteur dans le produit des recettes, le tiers prélevé pour les frais, est du huitième pour une pièce en cinq ou quatre actes, du douzième pour une pièce en trois actes, et du seizième pour une pièce en un et en deux actes ; cependant les auteurs et les comédiens peuvent faire toute autre convention de gré à gré.

Art. 73.

L'auteur jouit de ses entrées, du moment ou sa pièce est mise en répétition, et les conserve trois ans après la première représentation, pour un ouvrage en cinq et en quatre actes, deux ans pour un ouvrage en trois actes, un an pour une pièce en un et deux actes. L'auteur de deux pièces en cinq ou en quatre actes, ou de trois pièces en trois actes, ou de quatre pièces en un acte, restées au théâtre, a ses entrées sa vie durant.

TITRE VI.

De la Police.

Art. 74.

La présidence et la police des assemblées, soit générales, soit des divers comités, sont exercées par le Commissaire impérial.

Art. 75.

Tout sujet qui manque à la subordination envers ses supérieurs, qui, sans excuses jugées valables, fait changer le spectacle indiqué sur le répertoire, ou refuse de jouer soit un rôle de son emploi, soit tout autre rôle qui peut lui être distribué pour le service des théâtres de nos palais, ou qui fait manquer le service en ne se trouvant pas à son poste aux heures fixées, est condamné, suivant la gravité des cas, à l'une des peines suivantes.

Art. 76.

Ces peines sont les amendes, l'exclusion des assemblées générales des Sociétaires et du Comité d'Administration, l'expulsion momentanée ou définitive du théâtre, la perte de la pension et les arrêts.

Art. 77.

Les amendes au-dessous de 25 francs sont prononcées par le Comité, présidé par le Commissaire impérial.

L'exclusion des assemblées générales et du Comité d'Administration peut l'être de la même manière; mais le Commissaire impérial est tenu de rendre compte des motifs au Surintendant.

Le Commissaire impérial qui aura requis le Comité d'infliger une peine, en instruira, en cas de refus, le Surintendant, qui prononcera.

Art. 78.

Les amendes au-dessus de 25 francs et les autres punitions sont infligées par le Surintendant, sur le rapport motivé du Commissaire impérial.

L'expulsion définitive n'aura lieu que dans les cas graves, et après avoir pris l'avis du Comité.

Art. 79.

Aucun sujet ne peut s'absenter sans la permission du Surintendant.

Art. 80.

Les congés sont délivrés par le Surintendant, qui n'en peut pas accorder plus de deux à la fois, ni pour plus de deux mois : ils ne peuvent avoir lieu que depuis le 1er mai jusqu'au 1er novembre.

Art. 81.

Tout sujet qui, ayant obtenu un congé, en outre-passe le terme, paie une amende égale au produit de sa part, pendant tout le temps qu'il aura été absent du théâtre.

Art. 82.

Lorsqu'un sujet, après dix années de service, aura réitéré pendant une année la demande de sa retraite, et qu'il déclarera qu'il est dans l'intention de ne plus jouer sur aucun théâtre, ni français, ni étranger, sa retraite ne pourra lui être refusée ; mais il n'aura droit à aucune pension, ni à retirer sa part du fonds annuel de 5o,ooo francs.

TITRE VII.

Dispositions générales.

Art. 83.

Les comédiens Français ne pourront se dispenser de donner tous les jours spectacle, sans une autorisation spéciale du Surintendant, sous peine de payer, pour chaque clôture, une somme de 5oo francs, qui sera versée dans la caisse des pauvres, à la diligence du Préfet de Police.

Art. 84.

Tout Sociétaire ayant trente années de service effectif, pourra obtenir une représentation à son bénéfice, lors de sa retraite ; cette repr sentation ne pourra avoir lieu que sur le Théâtre-Français, conformément à notre décret du 29 juillet 1807.

Art. 85.

Tout sujet retiré du Théâtre-Français ne pourra reparaître sur aucun théâtre, soit de Paris, soit des départemens, sans la permission du Surintendant.

Art. 86.

Toutes les affaires contentieuses seront soumises à l'examen d'un Conseil de jurisconsultes ; et on ne pourra faire aucune poursuite judiciaire au nom de la Société sans avoir pris l'avis du Conseil.

Ce Conseil restera composé ainsi qu'il l'est aujourd'hui, et sera réduit à l'avenir, par mort ou démission, au nombre de trois jurisconsultes, deux avoués, et au notaire du théâtre.

En cas de vacance, la nomination se fera par le Comité, avec l'agrément du Surintendant.

Art. 87.

Le Surintendant fera les réglemens qu'il jugera nécessaires pour toutes les parties de l'administration intérieure.

Art. 88.

Les décrets des 29 juillet et 1ᵉʳ novembre 1807 sont maintenus en tout ce qui n'est pas contraire aux dispositions ci-dessus.

TITRE VIII.

Des Elèves du Théâtre-Français.

§ Iᵉʳ. *Nombre, Nomination, Instruction et Entretien des Elèves.*

Art. 89.

Il y aura, à notre Conservatoire impérial, dix-huit élèves pour notre Théâtre-Français, neuf de chaque sexe.

Art. 90.

Ils seront désignés par notre Ministre de l'Intérieur ; ils seront âgés au moins de quinze ans.

Art. 91.

Ils seront traités au Conservatoire comme les autres pensionnaires qui y sont admis pour le chant et la tragédie lyrique.

Art. 92.

Ils pourront suivre les classes de musique ; mais ils seront plus
spécialement appliqués à l'art de la déclamation, et suivront exactement les cours des professeurs, selon le genre auquel ils seront
destinés.

Art. 93.

A cet effet, indépendamment des professeurs, il y aura pour
l'art dramatique deux répétiteurs d'un genre différent, lesquels feront répéter et travailler les élèves, chaque jour, dans les inter-
valles des classes, et des heures qui seront fixées.

Art. 94.

Il y aura, en outre, un professeur de grammaire, d'histoire et
de mythologie appliquées à l'art dramatique, lequel enseignera
spécialement les élèves destinés au Théâtre-Français.

Art. 95.

Les élèves seront examinés tous les ans par les professeurs et le
directeur du Conservatoire ; et il sera rendu compte du résultat à
notre Ministre de l'Intérieur et au Surintendant des théâtres.

Art. 96.

Les élèves qui ne donneraient pas d'espérances, ne continueront pas leurs cours, et ils seront remplacés.

Art. 97.

Ceux qui ne seraient pas encore capables de débuter sur notre
Théâtre-Français, pourront, avec la permission du Surintendant,
s'engager pour un temps au théâtre de l'Odéon , ou dans les troupes des départemens.

7.

Art. 98.

Ceux qui seront jugés capables de débuter, pourront recevoir du Surintendant un ordre de début, et être, selon leurs moyens, mis à l'essai au moins pendant un an, et ensuite admis comme Sociétaires, comme il est dit article 67.

§ II. *Des Dépenses pour les Elèves de l'Art dramatique.*

Art. 99.

La dépense pour chacun des élèves est fixée à 1,100 francs ;
Le traitement pour chacun des répétiteurs, à 2,000 francs ;
Le traitement du professeur, à 3,000 francs.

Art. 100.

En conséquence, notre Ministre de l'Intérieur disposera, sur le fonds des dépenses imprévues de son ministère, d'une somme de 26,800 francs en sus de celle allouée pour notre Conservatoire impérial de Musique.

Art. 101.

Nos Ministres de l'Intérieur, de la Police, des Finances, du Trésor, et le Surintendant de nos spectacles, sont chargés, chacun en ce qui le concerne, de l'exécution du présent décret, qui sera inséré au Bulletin des Lois.

Signé NAPOLÉON.

Pour expédition conforme, délivrée le 9 janvier 1813 :

Le Ministre Secrétaire-d'Etat par intérim,

Signé Duc de Cadore.

1ᵉʳ Novembre 1814.

ORDONNANCE DU ROI *portant réglement pour les Pensions de retraite à accorder aux employés et artistes de l'Académie royale de Musique.*

TITRE Iᵉʳ.

Des Pensions de retraite.

Article premier.

Les pensions de retraite aux employés et artistes de l'Académie royale de Musique seront accordées par nous, sur le rapport qui nous en sera fait par notre Ministre Secrétaire-d'État de notre Maison.

Art. 2.

A cet effet, l'Administrateur de l'Académie royale de Musique présentera chaque année à notre Ministre Secrétaire-d'État de notre Maison :

1° L'état de propositions des pensions nouvelles, avec l'état des services des sujets présentés à la retraite ;

2° L'état des pensions anciennes ;

3° Le tableau des extinctions.

Art. 3.

Indépendamment du tableau général des extinctions dont l'emploi est prescrit par l'article précédent, l'Administrateur de l'Académie royale fera connaître les époques précises du décès des pensionnaires dans les trente jours qui le suivront.

Art. 4.

Les pensions de retraite seront divisées en deux classes :

1° Celles qui seront réclamées dans le cas d'accidens graves qui mettent l'individu hors d'état de servir ;

2° Celles qui seront dues à l'âge et au temps de service.

Art. 5.

Le temps de service légal pour obtenir la pension de retraite est fixé ainsi qu'il suit :

Chefs, premiers artistes, remplaçans et doubles du chant et de la danse, chefs d'orchestre, solos et instrumens à vent, vingt ans ;

Professeurs, choristes, figurans et musiciens, vingt-cinq ans ;

Machinistes, vingt-cinq ans ;

Employés et préposés de l'Administration, ainsi qu'ils se trouvent placés à l'art. 24 du présent, trente ans.

Art. 6.

Le temps nécessaire pour obtenir la pension, datera, savoir :

Pour les artistes de la danse, seize ans ;

Pour ceux du chant et de l'orchestre, dix-huit ans ;

Pour tous les autres et pour les employés et préposés de l'Administration, vingt-un ans ;

Le tout à partir du jour de l'inscription sur l'état-matrice tenu à cet effet.

Il sera remis un double de cet etat à notre Ministre Secrétaire-d'État de notre Maison, et, à l'avenir, nul ne pourra être porté sur ce registre, sans qu'il en ait été rendu compte au Ministre.

Art. 7.

Les pensions à accorder en raison du temps légal de service, sont divisées en huit classes, savoir :

1° Pour les appointemens de	3 à	400 fr.	200 fr.
2°	*Idem.*	400 à	1,900	moitié.
3°	*Idem.*	1,900 à	2,400	1,000 fr.
4°	*Idem.*	2,400 à	3,000	1,200
5°	*Idem.*	3,000 à	5,000	1,400
6°	*Idem.*	5,000 à	6,000	1,600
7°	*Idem.*	6,000 à	10,000	2,000
8°	*Idem.*	10,000 et au-dessus	2,400

Art. 8.

Si un artiste, employé ou préposé vient à être estropié ou blessé au service de l'Académie, en remplissant les fonctions de sa place, et de manière à ne pouvoir plus les continuer, ce qui sera légalement constaté, il aura, dès ce moment, droit à la pension entière, laquelle nous sera demandée, sans attendre l'époque prescrite par l'article 5.

Dans le cas où l'artiste, employé ou préposé aurait, avant son accident, droit à la pension entière pour ses années de service, sa pension recevra un accroissement de 200 fr. pour celui porté aux deux premières classes établies en l'article précédent, et pour les autres, du vingtième, pour chaque année de service en sus des vingt ans, sans que cela puisse excéder le maximum fixé ci-après :

3ᵉ classe.	. . . .	1,500 fr.
4ᵉ idem.	. . . .	1,800
5ᵉ idem.	. . . .	2,100
6ᵉ idem.	. . . .	2,400
7ᵉ idem.	. . . .	3,000
8ᵉ idem.	. . . .	4,000

Art. 9.

Tout artiste, employé ou préposé qui, par des services non interrompus, aura rempli le temps légal fixé en l'art. 5, aura droit à accroissement d'un vingtième, d'un vingt-cinquième ou d'un trentième en sus de la pension acquise, conformément aux charges désignées en l'art. 7, sans cependant que cet accroissement puisse excéder les maximum fixés en l'article précédent, pour les individus qui prendront leur retraite pour cause de blessures.

Art. 10.

Tout artiste du chant, de la danse et de l'orchestre, qui aura acquis une pension après le temps de service légal, ne pourra exercer son talent que dans les villes qui sont à plus de vingt lieues de Paris, à moins qu'il n'obtienne une autorisation spéciale de notre Ministre Secrétaire-d'État de notre Maison ; dans aucun cas, cette autorisation ne pourra être demandée pour exercer à Paris.

ART. 11.

Tout artiste, ou autre employé et préposé, qui, pour cause d'accident ou d'infirmité, aurait acquis une pension avant le temps de service légal, cessera d'en jouir s'il s'engage à un autre théâtre ; mais s'il recouvre l'usage de ses talens, et qu'il veuille en profiter, il pourra, en renonçant à cette pension, rentrer à l'Académie, où il lui sera accordé le rang et les appointemens dont il sera susceptible, et, dans ce cas, ses anciens services à l'Académie lui compteront de nouveau pour le réglement de la pension à laquelle il aura droit lors de sa retraite définitive.

ART. 12.

Les pensions de 2,000 et 2,400 fr. ne pourront être accordées que lorsque les personnes qui les réclameront auront été, pendant trois ans révolus, aux appointemens qui y donnent droit. Dans le cas contraire, la pension sera réglée d'après les appointemens dont elles jouissaient précédemment.

Sont exceptées de cette dernière disposition les pensions acquises pour infirmités ou blessures constatées, ainsi qu'il est dit en l'art. 8.

ART. 13.

Si un artiste, après le temps légal de service pour obtenir la pension entière, restait en activité dans un emploi inférieur, il fera préalablement régler ses droits à la pension, laquelle restera suspendue jusqu'à l'époque où il se retirera définitivement, pour alors ressortir son plein et entier effet. Cette pension s'accroîtra d'un vingtième par année de service dans le dernier emploi et dans la proportion seulement des appointemens qui y étaient attachés, sans pouvoir, en aucun cas, dépasser le maximum fixé en l'art. 8.

TITRE II.

Des Pensions de réforme.

ART. 14.

Tout premier artiste, remplaçant et double du chant et de la danse, qui, après dix ans de services non interrompus, sera dans le cas d'être réformé, aura droit à une pension de moitié de celle à laquelle il aurait pu prétendre s'il avait eu vingt ans de service, et il recevra, par chaque année en sus des dix ans, une augmentation d'un dixième sur cette pension ainsi réduite.

ART. 15.

Tout autre employé ou préposé, artiste du chant et ballets, ou toute autre personne dénommée au présent réglement, qui recevra son congé après quinze ans de service, aura une pension proportionnelle au temps de service légal qu'il est obligé de faire. Chaque année de service au-dessus de quinze ans augmentera proportionnellement la pension ainsi réduite.

Aucune pension de réforme ne pourra être accordée sans le consentement préalable de notre Ministre Secrétaire-d'État, qui la présentera ensuite à notre approbation.

ART. 16.

Toute retraite volontaire avant l'expiration du temps de service ci-dessus fixé, fera perdre tout droit à une pension de retraite.

ART. 17.

Sont exceptés du bénéfice des dispositions ci-dessus, tous ceux qu'une conduite repréhensible et des faits graves auraient mis dans le cas de recevoir sur-le-champ leur congé avant vingt ans de service.

Art. 18.

Tout individu qui se sera mis dans le cas d'être réformé avant les termes de dix ans ou de quinze ans, prévus par les articles 14 et 15, ne pourra, s'il rentre à l'Académie, compter, pour obtenir la pension, que du jour de sa rentrée.

TITRE III.

Des Auteurs et Compositeurs.

Art. 19.

Les auteurs et compositeurs de trois grands ouvrages qui auront obtenu chacun quarante représentations auront droit à une pension de 1,000 fr. ; cette pension augmentera de 500 fr. pour chacun des grands ouvrages qu'il aura donnés depuis.

Trois actes séparés seront considérés comme un grand ouvrage.

Les maîtres des ballets auront la moitié des mêmes droits et aux mêmes conditions.

Les pensions accordées en exécution des deux précédens paragraphes ne pourront, dans aucun cas, excéder la somme de 3,000 fr. par an.

TITRE IV.

Des Veuves et Enfans.

Art. 20.

Dans le cas où un **membre** de l'Administration, ou artiste du chant et de la danse, ou préposé viendrait à décéder en activité de service, ayant acquis le droit à la pension entière, sa veuve pourra prétendre au tiers de la pension que son mari aurait obtenue s'il se fût retiré à l'expiration de son temps de service. Cette pension pourra s'élever à la moitié, si la veuve est âgée de plus de soixante ans ; dans tous les cas, elle devra justifier de plus de cinq ans de mariage, et qu'elle n'a point divorcé.

Dans le cas où le mari, venant à décéder dans le veuvage, laisserait des enfans nés de légitime mariage, ces enfans auront droit aux deux tiers de la pension à laquelle la veuve aurait pu prétendre, jusqu'à ce que le dernier ait atteint l'âge de douze ans accomplis.

ART. 21.

Les dispositions de l'article précédent s'appliquent aux veuves et enfans des artistes, employés et préposés qui seraient décédés jouissant d'une pension de retraite déjà fixée, mais seulement dans le cas où cette pension leur aurait été acquise en vertu des art. 5, 6, 7 et 8 du présent réglement.

ART. 22.

A la mort d'un pensionnaire, il sera payé à l'époux survivant ou aux enfans six mois seulement de sa pension.

TITRE V.

Du Fonds des pensions.

ART. 23.

Le fonds de 83,5oo fr., inscrit au registre des pensions, à la charge du Trésor public, pour servir celles de l'Académie royale de Musique, continuera à être affecté à cette destination. En conséquence, les portions de ces fonds qui deviendront disponibles par le décès des pensionnaires, ou par toute autre cause, seront spécialement affectées au paiement des pensions que nous jugerons à propos d'accorder aux personnes attachées à l'Académie royale de Musique, sur la proposition de notre Ministre Secrétaire-d'État de notre Maison.

ART. 24.

Il continuera d'être fait une retenue sur tous les traitemens fixes de toutes les personnes attachées à l'Académie royale de Musique, en qualité de membre de l'administration, d'artistes du chant ou de l'orchestre, de premier et second machinistes, premier peintre de décorations, premier dessinateur des costumes, d'inspecteur particulier des différentes parties du service, concierges et employés aux écritures dans les bureaux.

Art. 23.

Cette retenue est destinée à former un fonds de retraite. Elle sera de 2 p. 100 sur les traitemens au-dessous de 1,000 fr.; de 3 p. 100, de 1,000 à 2,000 fr.; de 4 p. 100, de 2,000 à 5,000 fr.; enfin de 5 p. 100 au-dessus de 5,000 fr.

Il sera fait une retenue de 5 p. 100 sur toutes les sommes payées aux auteurs et compositeurs, soit à titre de part d'auteurs, soit à titre de gratifications après la quarantième représentation.

Art. 26.

Le produit des amendes sera joint au fonds de retenue.

Art. 27.

Pour accroître les fonds des pensions, l'Académie royale de Musique pourra donner chaque année quatre représentations extraordinaires, connues antérieurement sous le nom de représentations de capitation. Les personnes attachées à l'Académie qui ont droit à pension, ne pourront, sous aucun prétexte, réclamer une indemnité quelconque sur le produit de ces représentations, sauf les droits de présence des artistes, et les honoraires d'auteurs.

Art. 28.

Le produit des retenues ci-dessus, celui des représentations, ainsi que le remboursement des sommes versées à la caisse d'amortissement, provenant des retenues exercées sur les appointemens, sera placé par l'Administration de l'Académie royale de Musique, et en son nom, sur le Trésor public, en inscriptions de rentes à 5 pour cent, pour faire un fonds de pensions.

Ces placemens, qui se feront aussitôt et à mesure de la rentrée des fonds, seront déposés entre les mains d'un caissier choisi par notre Ministre Secrétaire-d'État de notre Maison, et exclusivement employés à l'acquittement des pensions de l'Académie royale de Musique.

ART. 29.

Le budget de l'Académie royale de Musique fixera, chaque année, la somme nécessaire au paiement des pensions excédant le fonds de 83,500 fr. Ce budget sera arrêté par notre Ministre Secrétaire d'État de notre Maison.

Paris, le 1ᵉʳ novembre 1814.

Signé LOUIS.

Et plus bas, par le Roi,

Signé BLACAS-D'AULPS.

---

6 Septembre 1815.

ARRÊTÉ *accordant une indemnité aux artistes et employés ou préposés de l'Académie royale de Musique, privés de leur état par suite d'accidens graves.*

Nous, comte de Pradel, Directeur-général de la Maison du Roi, ayant le portefeuille,

Considérant que l'art. 8 de l'ordonnance du Roi du 1ᵉʳ novembre 1814, qui accorde une pension entière à l'artiste, employé ou préposé de l'Académie royale de Musique, estropié ou blessé au service, en remplissant les fonctions de sa place, n'est que la continuation d'une disposition des réglemens qui ont régi ce théâtre, depuis le 19 ventose an IX (10 mars 1801);

Considérant qu'il est dans les intentions bienveillantes de Sa Majesté de venir au secours des sujets de son Académie royale de Musique, qui, par suite des accidens graves prévus par l'art. 8 de l'ordonnance du Roi, sont dans l'obligation de quitter la carrière du théâtre;

Et voulant, à cet égard, donner à ces artistes, employés ou préposés, un témoignage de l'intérêt qu'inspire leur position.

Avons arrêté et arrêtons ce qui suit :

ARTICLE PREMIER.

Tout artiste, employé ou préposé de l'Académie royale de Musique, qui, par suite d'accidens graves survenus au théâtre, et dans l'exercice de ses fonctions, se trouverait privé de son état, sans espoir de l'exercer, sur aucun autre théâtre, recevra une indemnité équivalente à une année de ses appointemens sans retenue.

ART. 2.

On n'aura droit à l'indemnité fixée ci-dessus que quand l'Administration de l'Académie royale de Musique aura acquis la certitude que l'artiste, employé ou préposé, est dans l'impossibilité de reprendre ses fonctions.

ART. 3.

Le paiement de l'indemnité ne s'effectuera que sur notre autorisation, d'après le rapport qui nous en aura été fait par l'Intendant général des Menus-Plaisirs.

ART. 4.

Tout artiste, employé ou préposé qui, victime d'accidens graves, reprendrait ses fonctions après le rétablissement de sa santé, ne pourra réclamer l'indemnité accordée par le présent, dans le cas même où il serait obligé une seconde fois de cesser ses fonctions, et sous le prétexte que cette cessation de service serait causée par sa blessure.

Art. 5.

Indépendamment des dispositions précédentes, tout artiste, employé ou préposé, estropié ou blessé dans l'exercice de ses fonctions, recevra, pour maximum d'indemnité de frais de maladie, le montant d'une année de la pension qui lui serait accordée conformément à l'ordonnance du Roi, du 1ᵉʳ novembre 1814, dans le cas où il serait obligé de quitter le théâtre.

Art. 6.

L'Intendant général de l'argenterie, Menus-Plaisirs et affaires de la Chambre du Roi, est chargé de l'exécution du présent, qui sera inscrit comme article réglementaire sur les registres de l'Administration de l'Académie royale de Musique.

Donné au château des Tuileries, le 6 septembre 1815.

Le Comte DE PRADEL.

---

16 Novembre 1815.

ORDONNANCE DU ROI *concernant les représentations à bénéfice (Académie royale de Musique).*

LOUIS, par la grâce de Dieu, roi de France et de Navarre;

Voulant introduire dans les divers services dépendans du ministère de notre Maison l'ordre et la sévère économie que les circonstances commandent, et voulant concilier entre elles les dispositions du réglement de notre Académie royale de Musique du 23 septembre 1805, celles du décret du 8 août 1807, et celles des diverses autres lois, ordonnances et arrêtés relatifs aux représentations à bénéfice qui peuvent à l'avenir être données sur le théâtre de l'Académie royale de Musique;

Considérant que l'article 112 du réglement du 23 septembre 1805, corroboré et confirmé dans ses dispositions par tous les autres réglemens établis sur cet objet, accorde une représentation à bénéfice à tout premier artiste de l'Académie royale de Musique qui aura fait un service non interrompu de trente années;

Considérant que si, d'une part, il est convenable de récompenser de longs et utiles services par une représentation à bénéfice, il est abusif et contraire au bon ordre d'accorder de ces représentations sur le théâtre de l'Académie royale de Musique à des acteurs des autres théâtres, ou à des acteurs de l'Académie royale de Musique qui seraient en activité de service, ou qui n'auraient pas servi l'espace de temps voulu par les réglemens;

Considérant enfin que les représentations à bénéfice sont contraires aux intérêts de l'Académie royale de Musique en ce qu'elles exigent presque constamment des frais extraordinaires, et en ce qu'elles nuisent au produit des représentations qui les précèdent et les suivent.

Sur le rapport de notre Ministre Secrétaire-d'État de notre Maison,

Nous avons ordonné et ordonnons ce qui suit :

Article premier.

A dater de ce jour, il ne sera accordé de représentations à bénéfice, sur le théâtre de l'Académie royale de Musique, qu'aux premiers artistes de ce théâtre, dans le chant et de la danse, y ayant fait un service non interrompu de vingt-cinq ans.

Art. 2.

Auront également droit à une représentation à bénéfice : les premiers artistes, remplaçans et doubles du chant et de la danse qui seraient grièvement blessés, sur le théâtre ou dans les coulisses, en remplissant leurs fonctions. Cette représentation sera accordée par le Ministre de notre Maison, sur le rapport qui lui en sera fait par l'Intendant-général des Menus-Plaisirs; et pour y avoir droit, il devra être légalement constaté qu'il y a eu fracture ou blessure assez grave pour menacer l'acteur de la perte de son état.

Les représentations à bénéfice dont il est question au présent article ne pourront, sous aucun prétexte, comporter une augmentation dans le prix des places, et auront lieu dans la quinzaine de l'accident.

Art. 3.

A dater du 1er janvier 1816, les sommes nécessaires pour indemniser les individus, autres que ceux dénommés aux articles précédens, estropiés dans l'exercice de leurs fonctions, et forcés par-là de quitter le théâtre, seront prélevées sur les fonds des dépenses imprévues de l'Académie royale de Musique. L'indemnité sera d'une année de traitement.

Art. 4.

En exécution des dispositions qui précèdent, et de celles de l'article 1er du titre Ier du décret du 8 août 1807, il ne sera permis dorénavant à aucun acteur et actrice d'un théâtre autre que l'Académie royale de Musique, d'y donner une représentation à bénéfice; lesdites représentations devant, à l'avenir, n'avoir lieu que sur le théâtre même auquel l'acteur ou l'actrice est attaché.

Art. 5.

Il est spécialement défendu à tout acteur ayant, aux termes des présentes, droit à une représentation à bénéfice, de donner, pour cette représentation, des ouvrages non encore représentés et dont par conséquent le succès serait incertain. A cet effet, le choix des ouvrages représentés sera prononcé et réglé par le Ministre, sur le rapport de l'Intendant-général de nos Menus-Plaisirs, qui, toutes les fois que cela ne nuira pas aux intérêts de l'Administration, pourra proposer la remise au théâtre d'un ouvrage ancien, d'un succès assuré, et qui serait de nature à rester au répertoire de l'Académie royale de Musique.

Art. 6.

Il sera toutefois permis aux comédiens de nos divers théâtres royaux de s'entr'aider mutuellement dans la composition de leurs représentations à bénéfice, de telle sorte que, pour donner à ces représentations plus d'intérêt et de variété, les comédiens d'un de nosdits théâtres royaux pourront contribuer à la représentation à bénéfice d'un comédien d'un autre théâtre, le tout sans préjudicier en aucune manière aux droits des administrations respectives.

Art. 7.

Sont et demeurent abrogés ceux des articles des lois, réglemens et arrêtés que ces présentes ne confirment point ou remplacent, et notamment les dispositions de l'arrêté du 6 septembre 1815; de telle sorte, qu'à dater de ce jour, la présente ordonnance ait seule caractère et force de loi en matière de représentation à bénéfice sur le théâtre de l'Académie royale de Musique.

Art. 8.

Le Ministre Secrétaire-d'État de notre Maison est chargé de l'exécution de la présente ordonnance.

Donné au château des Tuileries, le 16 du mois de novembre, l'an de grâce 1815, et de notre règne le vingt-deuxième.

Signé **LOUIS.**

Pour copie conforme :

L'Intendant-général de l'Argenterie, Menus-Plaisirs et affaires de la Chambre du Roi,

Signé **DE LA FERTÉ.**

18 Janvier 1816.

ORDONNANCE DU ROI *portant réglement des droits et hono-*
raires attribués, ainsi que des obligations imposées aux
auteurs et compositeurs des ouvrages représentés à l'Académie
royale de Musique.

LOUIS, par la grâce de Dieu, Roi de France et de Navarre, etc.

Voulant régler les droits et honoraires ainsi que les obligations
des auteurs et compositeurs qui donneront à l'avenir des opéras
et des ballets sur le théâtre de l'Académie royale de Musique, sur
le rapport du Ministre et Secrétaire-d'État de notre Maison,

Avons ordonné et ordonnons ce qui suit :

TITRE Ier.

Du paiement des honoraires des auteurs et compositeurs.

Article premier.

Les honoraires de chacun des auteurs, soit du poëme, soit de
la musique, si l'ouvrage et les divertissemens qui y sont attachés
remplissent la durée du spectacle, seront réglés ainsi qu'il suit :

Pour quarante représentations, n{os} 1 à 40 inclusivement, 250 fr.;

Pour les suivantes, à quelque nombre qu'elles s'élèvent, 100 fr.

Art. 2.

Si l'ouvrage ne remplit pas la durée du spectacle et qu'il faille
ajouter un ballet, les droits ci-dessus seront réduits aux deux
tiers.

Art. 3.

A l'égard des opéras en deux ou un acte, le droit de chacun des
auteurs du poëme et de la musique est fixé ainsi qu'il suit :

170 fr. pour quarante représentations, n{os} 1 à 40 inclusivement;

50 fr. pour chaque représentation suivante.

9.

Art. 4.

Les droits des compositeurs de ballets en deux ou trois actes seront réglés ainsi qu'il est dit à l'art. 3.

Art. 5.

Pour tout ballet en un acte, les droits des compositeurs seront réduits aux deux tiers de ceux portés en l'art. 3.

Les honoraires du compositeur de la musique resteront à la charge du compositeur des ballets.

Art. 6.

Les droits d'auteurs déterminés par les art. 1, 2, 3, pour les opéras seulement, seront réduits à moitié pour les ouvrages dont les poëmes seront traduits ou parodiés : quant à ceux remis avec des changemens, l'Administration en traitera de gré à gré avec les auteurs, suivant l'importance des changemens. Les mêmes dispositions sont applicables aux compositeurs de la musique.

Dans aucun cas, les compositeurs de ballets ne pourront avoir droit à des honoraires pour la remise des ballets dont ils ne sont pas auteurs, quelle que soit l'importance des changemens qu'ils y auront faits.

Art. 7.

Il sera fait, ainsi qu'il est dit à l'art. 25 de notre ordonnance du 1er novembre 1814, une retenue de 5 p. 100 sur les sommes payées aux auteurs et compositeurs vivans.

Art. 8.

La part d'auteurs est un dépôt sacré toujours prêt à être remis à leur fondé de pouvoir ou à eux-mêmes, à leur première réquisition.

TITRE II.

Des droits et des obligations des auteurs et des compositeurs.

Art. 9.

Les auteurs et compositeurs auront leurs entrées à l'orchestre ou à l'amphithéâtre, savoir : pour un ouvrage en un acte, pendant un an; pour un ouvrage en deux actes, pendant deux ans ; pour un ouvrage en cinq actes, cinq ans.

Art. 10.

Deux grands ouvrages donnent entrée pour dix ans; trois pour la vie.

Art. 11.

Il sera accordé à chacun des auteurs et compositeurs, pour six représentations de leurs ouvrages n° 1 à n° 6, vingt billets à chacun, d'une personne chaque, savoir : quatre billets d'orchestre, quatre d'amphithéâtre et douze de parterre.

Pour les représentations suivantes, ce nombre sera réduit à deux billets d'amphithéâtre, deux billets d'orchestre et quatre de parterre, toujours d'une personne chaque.

Art. 12.

La distribution des *rôles* et *pas* des nouveaux ouvrages appartient aux auteurs, si mieux ils n'aiment la faire de concert avec l'Administration ; après la dixième représentation de l'ouvrage, l'Administration a le droit de faire remplir ces mêmes rôles ou pas par des artistes à son choix.

Art. 13.

L'édition du poëme est une propriété de l'auteur; il sera libre de le faire imprimer où il voudra, à la charge d'en remettre soixante exemplaires à l'Administration.

Il en sera de même pour les programmes des ballets.

Art. 14.

Tout ouvrage dont la mise en scène aura été arrêtée, ne pourra être donné sur aucun théâtre qu'un an après la permission qui en aura été accordée par le Ministre de notre Maison, sur le rapport de l'Intendant de nos Menus-Plaisirs ; si l'ouvrage est mis en scène, les auteurs ne pourront le retirer qu'à la vingtième représentation, en remboursant les frais de sa mise.

Art. 15.

La représentation d'un ouvrage dont le succès s'affaiblirait et ne produirait qu'une recette médiocre, pourra être suspendue, sans égard aux réclamations des auteurs.

Art. 16.

Tous les arrêtés, décrets et réglemens contraires au présent sont abrogés.

Art. 17.

Le Ministre de notre Maison est chargé de l'exécution de la présente ordonnance, qui n'aura son exécution qu'à dater de ce jour.

Fait aux Tuileries, le 18 janvier 1816.

Signé LOUIS.

14 Décembre 1816.

LETTRE *de M. l'Intendant-général de l'Argenterie, des Menus-Plaisirs et affaires de la Chambre du Roi, adressée à M. Choron, concernant l'admission à la pension des ouvriers infirmes de l'Académie royale de Musique.*

Je vous préviens, Monsieur, que d'après la demande que j'ai formée en faveur des ouvriers infirmes de l'Académie royale de

Musique, M. le comte de Pradel a décidé, le 14 de ce mois, qu'ils seraient admis à la pension, à compter du 1er janvier 1817, et que, dorénavant, tous les ouvriers de l'Académie royale de Musique seraient assimilés aux autres employés sous le rapport de la pension.

Les ouvriers devront en conséquence contribuer à l'accroissement des fonds des retenues, conformément aux réglemens, et ils jouiront des bienfaits de la caisse de vétérance.

Vous voudrez bien prendre les mesures nécessaires pour que cette décision reçoive son exécution, à partir du 1er janvier 1817.

Recevez, Monsieur, l'assurance de ma parfaite considération.

L'Intendant-général de l'Argenterie, Menus-Plaisirs et affaires de la Chambre du Roi,

Signé DE LA FERTÉ.

6 Mars 1817.

DÉCISION DU ROI *qui autorise à rendre passibles de la retenue de trois pour cent, au profit de la Caisse de vétérance, toutes les personnes salariées par l'Académie royale de Musique.*

RAPPORT AU ROI.

SIRE,

Par une ordonnance du 1er novembre 1814, Votre Majesté a assuré le sort des artistes et employés de l'Académie royale de Musique, qui, par leur âge et leurs services, sont dans le cas d'obtenir des pensions de retraite.

Mais les dispositions de cette ordonnance ne s'appliquent qu'aux membres de l'Administration, aux artistes du chant, de la danse, de l'orchestre, et aux principaux préposés.

Cependant les autres employés ne sont pas dans une situation moins intéressante, et je crois pouvoir appeler la sollicitude de Votre Majesté sur leur sort.

J'ai l'honneur de proposer à **V. M.** de décider que toutes les personnes salariées par l'Académie royale de Musique, et portées sur les états d'appointemens, à quelque titre que ce soit, seront passibles de la retenue, et participeront, en conséquence, aux bienfaits de la Caisse de vétérance de l'Opéra.

Ainsi, on pourrait ajouter à l'ordonnance du 1er novembre 1814, un chapitre ainsi conçu :

« Quant aux ouvriers, contrôleurs et tous autres préposés, ils subissent sur leurs traitemens une retenue de 3 p. 100, qui sera versée à la Caisse de vétérance de l'Académie royale, et leurs pensions de retraite seront réglées, conformément aux dispositions de l'ordonnance du 1er novembre 1814, sur les retraites de votre Maison. »

« Toutefois, les employés qui n'auront qu'un traitement au-dessous de 400 fr., pourront obtenir de 250 à 300 fr., s'ils ont reçu des blessures dans l'exercice de leurs fonctions, ou si leurs charges et leur position les rendent susceptibles d'obtenir cette faveur ; considérations qui seront appréciées par le Ministre de votre Maison. »

Les présentes dispositions recevront leur exécution, à compter du 1er janvier 1817.

Je prie le Roi de me donner ses ordres :

Approuvé.

Signé LOUIS.

Paris, le 6 Mars 1817.

12 Mars 1822.

ORDONNANCE DU ROI *qui admet les employés ou préposés de l'Administration de l'Académie royale de Musique à faire valoir dans la liquidation de leurs pensions, leurs services antérieurs dans l'armée, les administrations publiques ou la Maison du Roi.*

RAPPORT AU ROI.

Sire,

L'ordonnance du Roi, du 1er novembre 1814, portant réglement pour les pensions de retraite des artistes et employés de l'Académie royale de Musique, différente en cela des ordonnances sur le même sujet, en vigueur dans diverses autres administrations, ne tient pas compte au vétéran, des années employées à des services publics, étrangers à celui de l'Académie royale.

Cette même ordonnance, en accordant aux veuves des pensionnaires, la reversibilité de partie de la pension de leur mari, impose cette condition que « *dans tous les cas, la veuve devra justifier de plus de cinq ans de mariage et qu'elle n'a pas divorcé.* »

Ces dispositions nous ont, l'une et l'autre, paru exiger quelque modification.

C'est à dessein sans doute, et avec raison, que l'artiste de l'Opéra, duquel on n'exige pour établir son droit à la pension de retraite, que vingt années de service, ne soit pas admis à faire compte des années qu'il aurait pu consacrer à d'autres services que celui de l'Académie royale de Musique, outre qu'il est fort rare qu'un chanteur, un danseur ou un symphoniste ait couru une autre carrière que celle de son art. Mais peut-être il n'en est pas de même à l'égard des employés de l'Administration, auxquels on n'accorde la pension de retraite qu'après trente ans de service,

10

et qui, assimilés, d'ailleurs, par leur état, aux employés des administrations en général, auraient à subir, en ce seul point, une exception fâcheuse.

Quant à la disposition concernant les veuves, la sagesse de l'intention qui l'a dictée, est manifeste; on a voulu prévenir l'effet abusif de mariages contractés *in extremis,* dans la seule vue d'assurer à une veuve la reversibilité d'une pension de retraite. Mais cette prévoyance et cet abus sont impossibles de la part de celui qui est inopinément frappé, dans l'exercice de ses fonctions, d'un accident mortel, et la rigueur d'un tel sort semble réclamer, en faveur de sa veuve, qu'elle qu'ait été la durée de son mariage.

Par ces considérations, nous croyons devoir supplier le Roi d'ajouter à l'ordonnance du 1er novembre 1814, les deux dispositions qui font l'objet de celle dont nous avons l'honneur de soumettre le projet à Sa Majesté.

Approuvé :

Signé LOUIS.

Ordonnance du Roi.

Louis, par la grâce de Dieu, Roi de France et de Navarre;
A tous ceux qui ces présentes verront, salut.

Considérant que notre ordonnance du 1er novembre 1814, concernant les pensions de retraite à accorder aux employés et artistes de notre Académie royale de Musique, se tait sur la faculté réservée aux employés des administrations en général, de faire compte afin d'obtention de la pension de vétérance, non-seulement des années qu'ils ont passées au service dans lequel ils ont atteint l'âge de retraite, mais de celles aussi qu'ils auraient antérieurement consacrées à tout autre service public, et qu'ainsi les employés de l'Administration de l'Académie royale de Musique, soumis d'ailleurs aux mêmes obligations que ceux des autres administrations publiques, ont été, en ce qui concerne les moyens d'obtention de la pension de retraite, moins bien traités que leurs pairs.

Examen fait de cette même ordonnance en ce qui concerne le sort réservé aux veuves des pensionnaires, ou ayant-droit à pension ; vu particulièrement la disposition qui exclut de tout droit à pension la veuve qui ne pourrait justifier de cinq années, au moins, de mariage ; considérant que cette disposition, sagement prise pour prévenir l'abus des mariages *in extremis* ou contractés par des vieillards ou des infirmes, dans la seule vue d'assurer à une veuve la reversibilité d'une pension de retraite, est sans motifs pour le cas de veuvage résultant d'un accident imprévu ; et voulant, en cela, ainsi qu'en ce qui concerne le compte des années de service, afin d'obtention de la pension de retraite, réformer et amplifier notre ordonnance du 1ᵉʳ novembre 1814,

Avons ordonné et ordonnons ce qui suit :

Article premier.

Les employés de l'Administration de l'Académie royale de Musique, appelés à jouir du bénéfice de notre ordonnance du 1ᵉʳ novembre 1814, concernant les pensions de retraite, qui, antérieurement à leur entrée à l'Administration de ladite Académie, auront été employés dans l'armée, dans l'administration publique ou dans celle de notre Maison ou Liste civile, pourront faire valoir cette partie de leurs services suivant les ordonnances ou réglemens en vigueur dans le département auquel ils auront appartenu, pourvu qu'ils aient dix ans au moins de service, soit dans notre Maison ou Liste civile, soit dans l'Administration de notre Académie royale de Musique, et qu'ils justifient qu'il ne leur a pas été accordé de pension dans leur ancien département, à raison des services qu'ils y auraient rendus.

Art. 2.

La disposition ci-dessus est applicable aux seuls employés spécifiés en l'ordonnance du 1er novembre 1814, sous le titre : *Employés et préposés de l'Administration*, et le bénéfice n'en peut être réclamé pour autres que pour eux.

Art. 3.

L'obligation imposée par l'article 20 de notre ordonnance du 1er novembre 1814, aux veuves qui prétendent à la reversibilité de partie de la pension de leur mari, de justifier de cinq années de mariage, n'est point applicable à celles dont le veuvage serait ou l'effet immédiat, ou la suite d'un accident imprévu, accompagné des circonstances spécifiées en l'article 8 de ladite ordonnance. Dans ce cas, il suffira à la veuve de justifier que son mariage était antérieur, de quelque temps que ce fût, à l'accident imprévu qui a causé son veuvage.

Notre Ministre Secrétaire-d'État au département de notre Maison, est chargé de l'exécution de la présente ordonnance.

Donné au château des Tuileries, le 12 mars de l'an de grâce 1822, et de notre règne le vingt-septième.

Signé LOUIS.

Et plus bas : *Signé* LAURISTON.

-----

11 Octobre 1822.

ARRÊTÉ *de l'Intendant des Théâtres royaux, portant règlement des entrées accordées aux Artistes de l'Académie royale de Musique.*

Nous, Intendant des Théâtres royaux,

Ouï les observations qui nous ont été adressées ultérieurement à la délibération de l'Administration, en date du 17 octobre 1818, et de notre arrêté du 4 novembre 1817,

Avons arrêté et arrêtons ce qui suit :

Article premier.

Les premiers sujets et remplacemens de l'Académie royale de Musique, *chant et danse*, continueront d'avoir leurs entrées, comme par le passé, à l'orchestre, à l'amphithéâtre des premières et aux secondes de côté.

Art. 2.

Les doubles auront leurs entrées à l'amphithéâtre des premières, à l'orchestre, et aux troisièmes de côté.

Art. 3.

Les jours où les entrées de faveur ne sont pas suspendues, les loges des avant-scènes aux troisièmes seront réservées aux artistes du chant et de la danse, premiers sujets, remplacemens et doubles, sans qu'aucun étranger puisse y être introduit, même en payant.

Art. 4.

Lorsque les demoiselles du chant et de la danse (premiers sujets, remplacemens et doubles) se présenteront accompagnées de leurs mères, ou d'une personne qui leur en tiendra lieu et qui aura été agréée par l'Administration, elles auront indéfiniment place aux troisièmes d'avant-scènes, et non ailleurs.

Les femmes des premiers sujets seront, en outre, reçues aux secondes de côté ; celles des doubles aux quatrièmes de côté.

Art. 5.

Les choristes et figurans continueront d'aller aux quatrièmes et non ailleurs ; et lorsque les demoiselles du corps de ballet seront accompagnées de leurs mères, elles ne pourront avoir place, comme par le passé, qu'à l'amphithéâtre des quatrièmes.

Les femmes des choristes et figurans ne sont point admises.

Art. 6.

L'entrée à la porte sera refusée aux mères qui se présenteront sans être accompagnées de leurs filles.

Art. 7.

Les entrées aux pensionnaires n'auront lieu, pour les artistes du chant et de la danse, que d'après le grade dans lequel ils auront été retraités ; et pour les autres pensionnaires, qu'à raison des billets de service qui leur auront été alloués pendant leur temps d'activité, par l'état de distribution arrêté par le Ministre le 1er avril 1821.

Art. 8.

Les anciens arrêtés ou réglemens qui sont en vigueur, et qui ne sont pas modifiés ou détruits par le présent, doivent être exécutés strictement.

Art. 9.

La délibération du 27 octobre 1818 et l'arrêté du 4 novembre de la même année sont et demeureront supprimés.

Art. 10.

Le Directeur de l'Académie royale de Musique sera chargé de l'exécution du présent arrêté, dès qu'il aura été revêtu de l'approbation de son excellence le Ministre de la Maison du Roi.

Paris, le 11 octobre 1822.

Signé Le Baron DE LA FERTÉ.

Approuvé par le Ministre :

Signé Le Marquis DE LAURISTON.

7 Novembre 1825.

ARRÊTÉ *qui modifie l'article* 60 *du Réglement du* 5 *mai* 1821 , *et qui fixe les dommages-intéréts dus par l'artiste quittant le service , sans en avoir obtenu l'autorisation.*

Nous, aide-de-camp du Roi, chargé du département des Beaux-Arts ;

Vu les articles 57 et 60 du réglement du 5 mai 1821, concernant l'Académie royale de Musique ;

Considérant :

1° Qu'aux termes du premier de ces articles, les artistes qui passent de la classe des doubles à celle des remplacemens ou premiers sujets, acquièrent le droit, comme ils en contractent l'obligation, de rester engagés à l'Académie royale de Musique jusqu'à l'expiration de la quinzième année qui se sera écoulée depuis le jour de leur réception et de la passation de leur engagement comme doubles ;

2° Qu'en vertu des dispositions de l'art. 60, l'artiste qui, au mépris des conditions prescrites par les réglemens, quitte le service, sans en avoir obtenu l'autorisation, n'est tenu envers l'Académie royale de Musique, qu'à des dommages et intérêts fixés à une somme égale à celle d'une année du traitement dont il jouissait à l'instant de sa désertion, et qu'il n'existe aucune parité entre les droits de l'Administration obligée de conserver, pendant quinze ans, l'artiste admis comme remplacement ou premier sujet, et ceux de ce même artiste qui, moyennant l'abandon d'une faible indemnité, peut se dégager de ses obligations, et voulant rétablir cette parité d'une manière plus équitable, nous avons arrêté qu'il serait substitué à l'art. 60 du susdit réglement, celui dont la teneur suit :

Art. 6o.

(du Réglement du 5 Mai 1821).

« Tout artiste qui, au mépris des conditions prescrites par les articles précédens, quitte le service sans en avoir obtenu l'autorisation, est tenu, envers l'Académie royale de Musique, à des dommages et intérêts invariablement fixés à une somme égale à celle de *cinq années* du traitement dont il jouissait à l'instant de sa désertion, et au paiement de laquelle il est contraignable par toutes les voies de droit. »

M. l'Administrateur de l'Académie royale de Musique est chargé de l'exécution du présent arrêté.

Paris, le 7 novembre 1825.

Signé Le Vicomte DE LA ROCHEFOUCAULD.

---

29 Novembre 1825.

ORDONNANCE DU ROI *qui interdit aux personnes attachées à la fois à l'Académie royale de Musique et à l'École royale de Musique et de Déclamation, de cumuler plusieurs pensions sur la Caisse de vétérance.*

RAPPORT AU ROI.

SIRE ,

Une ordonnance du Roi du 1ᵉʳ novembre 1814 a fixé le mode de liquidation des pensions de retraite imputables sur les fonds de la Caisse de vétérance de l'Académie royale de Musique. Par une décision subséquente, il a été arrêté que les services rendus dans les établissemens destinés aux arts de la musique et de la scène, et particulièrement dans l'École royale qui a succédé au Conservatoire, trouveraient leur récompense dans des pensions allouées sur les fonds de la caisse de l'Académie royale de Musique.

Les dispositions de l'ordonnance du 1er novembre 1814 ont en conséquence été rendues applicables aux artistes, professeurs et employés, soit de l'Académie, soit de l'École royale.

Mais l'ordonnance dont il est question présente une lacune qu'il devient important de remplir, et dans l'intérêt du bon ordre, et dans celui de l'Académie royale. Aucune disposition n'a prévu le cas où un fonctionnaire aurait appartenu à la fois à l'Académie et à l'École royale, et il est bon de remarquer que cette position est à peu près celle de tous les professeurs distingués : les mêmes personnes ont dû être appelées au service de la Chapelle, puisque les choix de l'autorité, dans ces divers services, devaient se fixer sur les talens les plus distingués et sur les hommes les plus recommandables.

Le résultat de cet état de choses a été de rendre les mêmes individus aptes à jouir de trois pensions, dont deux doivent être soldées par la même caisse. Or, il y a évidemment ici un effet très-opposé aux intentions du Roi, intentions révélées dans tous les actes de la volonté royale, qui ont eu pour objet de fixer la législation des différentes caisses de vétérance du Royaume. Il suffit, en effet, de la lecture des ordonnances relatives aux pensions accordées dans les départemens de la Guerre, de l'Intérieur, de la Justice, de la Marine et des Finances, pour se convaincre qu'aucun fonctionnaire ne peut cumuler deux pensions de retraite sur la même caisse.

La volonté du Roi s'est plus positivement exprimée dans l'art. 33 de l'ordonnance du 3 décembre 1814, sur la Caisse de vétérance de la Maison de Sa Majesté. Cet article dit textuellement :

« Les officiers, administrateurs et autres personnes employées « dans notre Maison et Liste civile, qui y seraient pourvus de deux

« charges ou emplois , ne pourront prétendre à une double pen-
« sion, à raison de leur double service , et quoiqu'ils aient dû supporter la retenue fixée par les présentes sur chacun de leurs
« traitemens ; mais , la pension à laquelle ils auront droit sera
« réglée d'après celui de leurs emplois qui leur présentera le plus
« d'avantages. »

Je pense que les précédentes dispositions, conformes à tous les
principes, et qu'on est étonné de ne pas retrouver dans l'ordonnance du 1er novembre 1814, doivent faire l'objet d'un article
additionnel à cette ordonnance. Toutefois, pour ne pas alarmer
les personnes qui peuvent avoir des titres à diverses pensions par
leurs divers services, j'estime qu'il suffirait qu'une décision de
Votre Majesté proscrivît le cumul de deux pensions sur l'une des
caisses dépendant de l'administration de sa Maison.

En général, on doit cousidérer la faculté de cumuler plusieurs
emplois dans un même département comme une faveur et un
témoignage honorable de la part de l'autorité , et il ne me semble
pas raisonnable d'étendre encore cette faveur en la faisant servir
de motif à une récompense qui survivrait aux avantages qu'elle
a procurés.

Je pense donc que les artistes et professeurs qui vont se trouver
atteints par cette mesure ne pourront avec justice élever aucune
réclamation. Ils jouiront encore d'une faculté assez avantageuse à
leurs intérêts , en conservant leurs droits à cumuler les pensions
qu'ils pourront obtenir sur la Caisse de vétérance de la Maison du
Roi , et sur celle de l'Académie royale de Musique. Ils verront
qu'un même sentiment de justice a présidé à la décision qui conserve leurs intérêts dans ce dernier cas , et qui leur fait éprouver
une suppression désavantageuse sous d'autres rapports. Il est, en
effet, incontestable que les fonds qui servent à alimenter les deux
caisses de pensions, ont une origine toute différente , et que , par
conséquent , toutes les lois de finances permettent le cumul des
retraites imputées sur chacune d'elles.

D'après ces considérations, je supplie le Roi de vouloir bien signer le projet d'ordonnance ci-joint.

Signé Le Vicomte DE LA ROCHEFOUCAULD.

Paris, le 29 novembre 1825.

Approuvé :

Signé CHARLES.

Ordonnance du Roi.

CHARLES, par la grâce de Dieu, Roi de France et de Navarre,

A tous ceux qui ces présentes verront, salut :

Vu les dispositions de l'ordonnance du 3 décembre 1814 sur les pensions de retraite de notre Maison ;

Vu notamment l'article 33 de cette ordonnance qui défend le cumul des pensions aux personnes qui occupent plusieurs emplois dans notre Maison ;

Considérant que, par une omission contraire aux principes reconnus par les lois du royaume sur la liquidation des pensions de retraite, l'ordonnance du 1er novembre 1814 n'a prescrit aucune disposition conforme à ces principes dans l'organisation de la Caisse de vétérance de l'Académie royale de Musique, de l'École royale de Musique et de Déclamation, et autres établissemens ;

Nous avons ordonné et ordonnons ce qui suit :

ARTICLE PREMIER.

A l'avenir, et à dater de ce jour, aucune personne attachée, à quelque titre que ce soit, à la fois à l'Académie royale de Musique, à l'École royale de Musique et de Déclamation, et autres établissemens d'arts, dont les retraites sont imputables sur la Caisse de vétérance de l'Académie royale de Musique, ne pourront cumuler plusieurs pensions sur ladite Caisse. Mais, conformément aux dispositions de l'article 33 de l'ordonnance du 3 décembre

1814, sur les pensions de retraite de notre Maison, les personnes précédemment désignées pourront faire établir leurs droits à la pension d'après celui de leurs emplois qui leur présentera le plus d'avantages.

ART. 2.

Notre Aide-de-camp, chargé du département des Beaux-Arts, est chargé de l'exécution de la présente ordonnance.

. Donné en notre château des Tuileries le vingt-neuvième jour du mois de novembre de l'an de grâce 1825, et de notre règne le deuxième.

Signé CHARLES.

Signé Le Vicomte DE LA ROCHEFOUCAULD.

———————

28 Mai 1826.

RAPPORT AU ROI *tendant à maintenir, par exception à l'ordonnance du 29 novembre 1825, relative au cumul des pensions sur la Caisse de vétérance, les dispositions de la loi du 16 thermidor an 3, en faveur des Professeurs du Conservatoire.*

SIRE,

L'ordonnance royale du 29 novembre 1825, relative aux pensions de retraite sur la Caisse de l'Académie royale de Musique, porte : qu'à l'avenir, et à compter de ce jour, aucune personne attachée, à quelque titre que ce soit, à la fois à l'Académie royale de Musique et à l'École royale de Musique et de Déclamation, ou autres établissemens d'art, dont les retraites sont imputables sur la Caisse de vétérance de l'Académie royale de Musique, ne pourront cumuler plusieurs pensions sur ladite Caisse.

Cependant, la loi du 16 thermidor an III a assuré aux professeurs du Conservatoire le droit à une pension de retraite sur la Caisse de cet établissement, avant qu'il ne fût devenu École royale de Musique et de Déclamation. Ce droit a subsisté dans son intégrité tant que l'École royale a fait partie des attributions du Ministère de l'Intérieur. Il ne saurait donc être aboli par le seul fait de la réunion de cet établissement à la Maison du Roi.

Le principe de l'ordonnance du 3 décembre 1814, qui a servi de base à celle du 29 novembre 1825, est antérieur de deux années à l'époque de la réunion dont il s'agit, effectuée en 1816, et n'a pu, en conséquence, statuer à l'égard de l'École royale, et sur un état de choses qui n'existait pas encore.

Les dispositions de l'ordonnance du 29 novembre 1825 ne peuvent, en équité comme en droit rigoureux, rétroagir à l'égard des professeurs attachés à l'École royale avant la réunion de cet établissement à l'Académie royale de Musique.

Cet état de choses porte à croire que les membres de l'ancien Conservatoire seraient fondés à réclamer le maintien de leurs droits ; et l'on pense qu'il serait digne de la bienveillance de Votre Majesté de prévenir leur vœu, et c'est dans ce but que j'ai l'honneur de proposer à Votre Majesté de consacrer par une décision la reconnaissance du droit attribué par la loi du 16 thermidor an III aux membres de l'ancien Conservatoire, nonobstant la prohibition portée en l'ordonnance du 29 novembre 1825, quelles que soient d'ailleurs les autres pensions dont ils pourraient jouir, à tout autre titre, sur la Liste civile.

Je crois devoir faire observer à Votre Majesté que cette exception ne s'applique qu'à un très-petit nombre de professeurs, et que dès lors il n'en résultera qu'une charge presque insensible pour le Trésor.

J'attends les ordres du Roi.

Signé Vicomte DE LA ROCHEFOUCAULD.

Paris, le 28 mai 1826.

Approuvé.

Signé CHARLES.

23 Avril 1828.

RAPPORT AU ROI *concernant les droits de l'époux survivant et ceux des enfans des employés et artistes de l'Académie royale de Musique, et faisant interprétation de l'article 22 de l'ordonnance du 1er novembre 1814.*

Sire,

L'art. 22 de l'ordonnance du Roi, du 1er novembre 1814, portant réglement pour la pension de retraite à accorder aux employés et artistes de l'Académie royale de Musique, a donné lieu à beaucoup de discussions, et a reçu diverses interprétations dont il importe au bien du service de Votre Majesté de fixer l'incertitude.

Cet article, faisant justice de la série des dispositions relatives aux veuves et enfans des artistes et employés de l'Académie royale de Musique, décédés en activité de service, ou jouissant d'une pension de retraite déjà fixée, est ainsi conçu : « A la mort d'un « pensionnaire, il sera payé à l'époux survivant, ou aux enfans, « six mois seulement de sa pension. »

Le bénéfice de cet article appartient-il exclusivement à la veuve qui n'a point droit à la pension, et non à celle qui remplit les conditions voulues par le réglement pour cette pension? Cette interprétation semblerait résulter de l'esprit de l'ordonnance; elle a d'ailleurs l'avantage d'être conforme aux principes généralement admis en administration; autrement on constituerait en faveur de la veuve une faculté exorbitante du droit commun, celle de cumuler la pension à laquelle elle peut avoir droit en vertu des articles 20 et 21 de l'ordonnance susdite, et l'indemnité accordée par l'art. 22 de la même ordonnance.

Les adversaires de cette opinion ont soutenu que la disposition de l'art. 22 était générale, absolue; qu'elle s'appliquait également a la veuve qui réunissait en sa personne les conditions requises pour faire régler sa pension d'après les articles 20 et 21, et à celle qui, dépourvue des titres nécessaires pour être admise à la pension, ne pouvait réclamer que le semestre qui lui est accordé par l'art. 22, à titre de secours et d'indemnité. Cette dernière doctrine a été consacrée par une décision du Ministre de la Maison du Roi, en date du 9 juillet 1822.

Sur une nouvelle difficulté qui s'était élevée, et qui consistait à savoir si le semestre touché par la veuve, à l'époque du décès de son mari, ne devait pas être défalqué des arrérages de la pension ultérieurement réglée, une nouvelle décision du Ministre, à la date du 11 septembre de la même année, avait statué que la veuve, nonobstant l'indemnité du semestre, devait toucher sans défalcation le montant de la pension à laquelle elle avait droit, à partir du jour du décès de son mari.

Malgré ces antécédens, et dans une affaire identique, le Ministre de la Maison du Roi est revenu sur la jurisprudence qu'il avait paru vouloir établir, et, par une décision du 12 février 1823, après avoir arrêté, en principe général, que le bénéfice de l'art. 22 de l'ordonnance du 1ᵉʳ novembre 1814 est acquis incontestablement à toutes veuves de pensionnaires, même à celles qui auraient droit par elles-mêmes à la pension dont s'agit aux art. 20 et 21 de l'ordonnance, il admet cette réserve que *cette pension ne pourra courir que par suite de celle du mari décédé, c'est-à-dire à partir de l'expiration du semestre dont s'agit à l'art. 22 précité.*

Cette variété de principes et d'application, également fâcheuse pour les ayant-droit au bénéfice des art. 20, 21 et 22 de l'ordonnance, et nuisible au bien du service dont elle entrave la marche, est survenue sans doute du défaut, dans l'ordonnance, d'une disposition explicite, relative aux veuves ou enfans qui n'ont point droit à la pension.

C'est pour obvier à ces inconvéniens et faire cesser des difficultés qui se renouvellent à chaque affaire de ce genre, que je prie le Roi de revêtir de son approbation une disposition additionnelle à l'art. 22 de l'ordonnance du 1er novembre 1814; laquelle disposition déclare formellement que le bénéfice de cet article est exclusivement applicable à la veuve ou aux enfans qui n'ont point droit à la pension.

J'aurai l'honneur de mettre sous les yeux du Roi quelques considérations qui pourront déterminer Votre Majesté à sanctionner cette disposition.

Je rappellerai d'abord le principe généralement reconnu et appliqué en administration, que la veuve d'un employé qui veut se prévaloir des services de son mari pour obtenir une pension, ne peut cumuler cette pension avec l'indemnité accordée à la veuve qui ne se présente point avec les titres nécessaires pour prétendre à la pension; qu'il n'y a aucune raison de traiter plus favorablement la veuve de l'artiste et de l'employé de l'Académie royale de Musique qui se trouve dans le premier cas, c'est-à-dire ayant droit à la pension; qu'au contraire, la nécessité d'une sage et sévère économie milite en faveur d'un fonds modique que le réglement a affecté à un service spécial, et dont il a circonscrit l'emploi dans des bornes étroites.

D'un autre côté, si l'on veut se pénétrér des vrais principes de l'équité, on les trouvera contraires à cette accumulation de bénéfices sur une classe de veuves. L'ordonnance partage implicitement et par le fait, les veuves en deux catégories. Dans la première, vient se ranger la veuve qui, par la longueur du service de son mari, et suivant d'autres conditions prévues par le réglement, a droit à une portion plus ou moins forte de la pension dont jouissait son mari; c'est la disposition des articles 20 et 21 de l'ordonnance : dans la seconde, se trouvent placées les veuves qui, n'apportant à la pension aucun titre requis, reçoivent seulement l'indemnité fixée par l'article 22. Sans doute, la veuve de la première classe est dans une situation plus favorable; aussi est-elle bien mieux traitée par l'ordonnance : son sort est assuré ; elle jouira jusqu'à la fin de sa vie d'une pension déterminée, tandis que la veuve de la seconde catégorie n'a droit qu'à un faible secours, une fois payé. Cependant le mari de cette dernière pouvait avoir bien mérité par de longs services ; et tomber au terme où il aurait eu, en mourant, la consolation de laisser à sa veuve un meilleur sort. L'équité ne s'oppose-t-elle pas à ce que l'on traite d'une manière que l'on pourrait comparativement appeler rigoureuse, cette seconde classe de veuves, pour reporter toutes les faveurs sur celles de la première classe, et leur accorder le cumul de la pension fixée par les articles 20 et 21, et l'indemnité dont il est question en l'article 22, au détriment de la masse, et, par conséquent, au préjudice de ceux qui, présentement ou ultérieurement, peuvent avoir des droits à faire valoir sur cette masse ?

Il est présumable que telle n'a pas été l'intention du législateur. Cette présomption acquiert plus de gravité si l'on se reporte au réglement de l'Académie royale de Musique du 1ᵉʳ vendémiaire an XIV (23 septembre 1805). En effet, l'article 22 de l'ordonnance du 1ᵉʳ novembre 1814 est la copie textuelle de l'art. 109 du réglement de vendémiaire, à l'exception du mot *seulement*, ajouté dans l'art. 22 de l'ordonnance. Or, le réglement de vendémiaire n'accordait aucune pension aux veuves, mais seulement l'indemnité de semestre fixée par son art. 109 ; disposition reproduite dans l'art. 22 de l'ordonnance de 1814. Il est donc plus que problable que cet article se sera glissé inaperçu dans l'ordonnance. C'est ainsi que, tiré du réglement de vendémiaire où il était bien placé, il aura été transporté dans l'ordonnance de 1814, sans la modification que les articles 20 et 21 qui le précèdent devaient lui faire subir pour le mettre en harmonie avec leurs dispositions et les usages généralement suivis en pareille matière.

L'intérêt général de l'Administration, la nature et l'exiguité du fonds dont il s'agit, l'esprit probable de l'ordonnance, de puissantes raisons d'équité et de justice distributive, concourent donc ici pour déterminer Votre Majesté à apporter à l'art. 22 de l'ordonnance du 1er novembre 1814, la modification que j'ai l'honneur de lui proposer.

Je prie, en conséquence, le Roi de donner son approbation aux motifs consignés au présent rapport, et de sanctionner la disposition additionnelle à l'art. 22 de l'ordonnance du 1er novembre 1814, dont la teneur suit :

Art. 22. « A la mort d'un pensionnaire, il sera payé à l'époux « survivant ou aux enfans six mois seulement de sa pension.

« La disposition du présent article n'est applicable qu'à la « veuve ou aux enfans qui n'ont pas droit à la pension. »

Paris, 23 avril 1828.

Signé Le Vicomte DE LA ROCHEFOUCAULD.

Approuvé :

Signé CHARLES.

---

28 Février 1831.

ARRÊTÉ *de M. le Comte de Montalivet, Ministre de l'Intérieur, qui nomme une Commission spéciale, chargée de surveiller l'exécution du cahier des charges de l'Académie royale de Musique.*

Nous, Ministre Secrétaire-d'État au département de l'Intérieur, avons arrêté et arrêtons ce qui suit :

Une Commission spéciale sera chargée de surveiller l'exécution du Cahier des charges imposé aujourd'hui à M. Véron, Directeur-entrepreneur de l'Académie royale de Musique. Elle nous fera des rapports sur la situation de cet établissement, et sur le nouveau mode d'administration, adopté dans ledit Cahier des charges de ce jour, 28 février 1831.

Sont nommés membres de cette Commission :

MM. le Duc DE CHOISEUL, Pair de France, *Président.*

EDMOND BLANC, avocat aux Conseils du Roi et à la Cour de Cassation, membre de la Commission chargée par nous d'examiner l'état actuel des Théâtres.

ARMAND BERTIN, Rédacteur du Journal des Débats.

D'HENNEVILLE, Inspecteur du mobilier de la Liste Civile.

ROYER-COLLARD, Chef de la division des beaux-arts.

Un Secrétaire sera ultérieurement nommé par nous et attaché à ladite Commission.

Fait à Paris, le 28 février 1831,

Signé MONTALIVET.

7 Mars 1832.

LETTRE *de M. le Comte d'Argout, Ministre du Commerce et des Travaux publics à M. le Duc de Choiseul, Président de la Commission de surveillance des Théâtres royaux, sur la position des artistes et employés de l'Académie royale de Musique qui sont dans l'intention de conserver leurs droits à la retraite.*

Monsieur le Duc ,

La Chambre des députés ayant adopté le chapitre des subventions aux théâtres royaux et à la caisse des pensionnaires de l'Opéra, pour l'année 1832, je pense qu'il est urgent de donner cours au travail que la Commission a proposé, pour régler les retraites des artistes et employés qui ne sont plus en activité de service, et qui ont acquis des droits à la pension.

12.

Je recevrai successivement les propositions que la Commission croira devoir faire à cet effet, et qu'elle appuiera de toutes les pièces qui constateront les droits. Il sera essentiel de préciser, pour chaque pensionnaire, les années de service, l'emploi qu'il a occupé, le traitement fixe dont il a joui, et l'article du réglement du 1ᵉʳ novembre 1814 qui lui est applicable.

Les artistes et employés engagés par M. Véron, depuis le 1ᵉʳ juin 1831, ne me paraissant pas pouvoir acquérir des droits à une pension, leurs appointemens ne doivent pas être assujétis à la retenue. C'est un des avantages du nouveau mode d'administration, puisque, avec le temps, la caisse des pensions cessera d'être une charge des subventions.

Les artistes et employés que l'Entrepreneur a trouvés en activité de service au 1ᵉʳ juin dernier, et qu'il a conservés, sont seuls passibles de la retenue ; et encore doit-on exempter ceux qui demandent que leurs appointemens soient payés intégralement, renonçant aux retenues qu'ils ont subies et à toute pension future.

Il convient donc, Monsieur le Duc, que la Commission fasse établir un état nominatif de tous les artistes et employés qui désirent rester assujétis aux conditions destinées à garantir leurs droits éventuels à la pension. Cet état, qui sera émargé pour acceptation, indiquera pour chacun d'eux, l'âge, l'emploi, le traitement en mai 1831, et la date de l'entrée. La retenue sera uniformément de 5 pour 100, dérogeant en cela au réglement de 1814, attendu que la Chambre a admis ce principe, que les subventions ne pourraient à l'avenir être délivrées qu'en faveur des services frappés de ce maximum de retenue.

A l'égard des acteurs dramatiques, compositeurs et maîtres de ballets, il est juste de respecter les droits de ceux qui ont fait jouer un ou plusieurs ouvrages sous l'empire des mêmes réglemens, s'ils en réclament le maintien et s'ils consentent à subir, comme par le passé, une retenue de 5 pour 100 sur des honoraires calculés conformément à la décision de janvier 1816. Du reste, les acteurs et compositeurs qui n'ont encore fait représenter aucun ouvrage ne pourront être admis à la retenue, lors même qu'ils la désireraient. Ils auront à régler leurs droits, comme ils l'entendront, avec M. Véron, pendant la durée de son bail.

Agréez, etc.

Le Pair de France, Ministre du Commerce
et des Travaux publics.

Signé D'ARGOUT.

18 Mai 1832.

LETTRE *de M. le Comte de Montalivet, Ministre de l'Intérieur, à M. le Duc de Choiseul, Président de la Commission de surveillance des Théâtres royaux, sur les pensions de réforme à accorder aux artistes et employés de l'Académie royale de Musique.*

Monsieur le Duc,

J'ai reçu successivement les liquidations préparées par la Commission à l'effet de régler les droits des artistes admis à la retraite. J'ai donné mon approbation à ces liquidations, et j'ai autorisé le paiement des arrérages dus jusqu'au 1er avril dernier.

L'examen des propositions de la Commission me met dans le cas de provoquer sa délibération sur une question qui paraît importante.

D'après l'art. 24 du premier cahier des charges, en date du 28 février 1831, le Directeur-Entrepreneur n'est, en aucune manière, tenu de pourvoir au paiement des pensions auxquelles ont droit les artistes et employés engagés avant sa gestion ; mais, d'après l'article 25, il doit observer les réglemens particuliers de l'Opéra envers les personnes valablement engagées sous le régime qui a précédé.

Cette clause, ainsi que plusieurs autres, tant du premier que du second Cahier des charges, démontrent que l'Académie royale de Musique n'est pas régie par le seul pouvoir du Directeur-Entrepreneur, et que les artistes ont conservé des droits qui ont pour appui le Gouvernement, éclairé par la Commission de surveillance.

Ce principe posé, je remarque au réglement du 1er novembre 1814, relatif aux pensions, art. 14, que tout premier artiste qui, après dix ans de services non interrompus, sera dans le cas d'être réformé, aura une pension ; mais je vois, art. 15, qu'aucune pension de réforme ne pourra être accordée sans le consentement de l'autorité supérieure.

Ne résulte-t-il pas du rapprochement de ces deux dispositions, et de l'art. 25 du Cahier des charges, qu'au nombre des droits conservés par les premiers sujets est celui de ne pouvoir être réformés du chef de l'Entrepreneur, lorsque le cas de réforme n'a pas été jugé valable par la Commission de surveillance et le Ministre ?

En priant la Commission d'examiner cette question, je n'ai pas l'intention de revenir sur le passé ; je désire seulement être mis à même de prononcer sur ce qui doit être observé à l'avenir.

M. Valentino s'est trouvé dans le cas prévu par l'art. 14. La pension ne paraît devoir être réglée qu'à 1,125 fr., à partir du 1er octobre ; l'avertissement n'ayant été donné qu'à la fin de mars, l'État ne lui doit rien avant l'expiration des six mois, et, d'un autre côté, ses services ayant cessé le 1er juillet sur un engagement au théâtre Ventadour, il n'est pas possible de lui compter le trimestre de juillet à octobre.

Agréez, etc.

Pour le Pair de France, Ministre du Commerce et des Travaux publics,

Le Pair de France, Ministre de l'Intérieur,

Signé MONTALIVET.

28 Juin 1832.

LETTRE *de M. le Comte d'Argout, Ministre du Commerce et des Travaux publics, à M. le Duc de Choiseul, approuvant les conclusions de la Commission sur les pensions de réforme.*

Monsieur le Duc,

J'ai approuvé les conclusions du rapport de la Commission, en date du 21 juin, relativement aux pensions de réforme, et j'ai l'honneur de vous adresser une expédition de l'arrêté que j'ai pris à ce sujet.

Je ne puis trop recommander à la Commission de veiller à son exécution.

Je suis, etc.

Le Pair de France, Ministre Secrétaire-d'État du Commerce et des Travaux publics,

Signé Comte d'ARGOUT.

21 Juin 1832.

ARRÊTÉ *du Ministre du Commerce et des Travaux publics sur la mise à la réforme des employés de l'Académie royale de Musique.*

Le Ministre, Secrétaire-d'État au département du commerce et des travaux publics;

Sur le rapport de la Commission de surveillance, en date du 29 mai dernier.

Arrête :

Article premier.

Aucun artiste, préposé et employé de l'Académie royale de Musique, ayant droit à une pension proportionnelle, ne pourra être mis à la réforme, sans le consentement préalable de la Commission de surveillance, approuvé par le Ministre.

Art. 2.

Il ne pourra être rien changé, par le Directeur, à la condition des artistes, préposés et employés de l'Opéra, ayant droit à une pension proportionnelle, ni des premiers sujets ou remplaçans de la danse ou du chant, attachés à l'établissement par un engagement de quinze ans, en vertu des réglemens, sans le consentement préalable de la Commission de surveillance, approuvé par le Ministre.

Signé Comte d'Argout.

31 Août 1832.

ORDONNANCE DU ROI *relative à la création d'une Caisse spéciale de retraite pour le Conservatoire de Musique.*

Louis-Philippe, Roi des Français,
A tous présens et à venir, salut.
Sur le rapport de notre Ministre Secrétaire-d'État au département du Commerce et des Travaux publics ;
Vu la loi du 16 thermidor an III, portant établissement d'un Conservatoire de Musique à Paris ;
Considérant que dès l'organisation du Conservatoire, le Gouvernement avait reconnu la nécessité d'assurer une retraite aux artistes qui y sont attachés ; mais que les dispositions de la loi susdatée, qui avaient pour objet de régler les pensions auxquelles

ils pourraient avoir droit, n'ont plus d'application depuis le décret du 13 septembre 1806 ;

Notre Conseil-d'État entendu,

Nous avons ordonné et ordonnons ce qui suit :

TITRE Ier.

Création de la Caisse spéciale.

ARTICLE PREMIER.

Il est créé, pour le Conservatoire royal de Musique, une Caisse particulière, destinée aux paiemens des pensions de retraite qui seront à l'avenir accordées aux Directeur, Professeurs et employés de cet établissement

ART. 2.

Les revenus de la Caisse se composent :

1° Du produit d'une retenue de cinq pour cent opérée sur tous les traitemens, gratifications, indemnités et émolumens accordés aux Directeur, Professeurs et aux employés du Conservatoire ;

2° Du montant du premier mois d'appointemens de tout artiste ou employé nouvellement nommé ;

3° Du montant, pendant le premier mois, de la portion dont les traitemens pourront être augmentés ;

4° Du montant des retenues de traitemens pour congés ou autrement, pourvu qu'il n'excède pas, dans l'année, un mois de traitement ;

5° De la recette des concerts ou exercices publics qui seraient donnés par les professeurs et élèves du Conservatoire, déduction faite des frais.

ART. 3.

Ces recettes seront versées à la Caisse des dépôts et consignations, chargée du paiement des pensions. La liquidation de ces pensions aura lieu dans les mêmes formes que pour les administrations dépendantes du Ministère du Commerce et des Travaux publics.

TITRE II.

Conditions d'admission et fixation de la Pension.

Art. 4.

Les services du Directeur, des Professeurs et des employés ne seront comptés pour droit à une pension de retraite qu'à partir de l'âge de vingt ans accomplis.

Art. 5.

Ne pourront être admis les années de surnumérariat ou de service non rétribué, ni le temps des congés emportant suspension de traitement, ni les services rendus jusqu'au moment d'une démission volontaire ou d'une révocation.

Art. 6.

La quotité de la pension du Directeur, des Professeurs et employés sera déterminée d'après la moyenne des appointemens fixes dont ils auront joui pendant les quatre dernières années de leur activité. Les indemnités et les gratifications ne seront pas comptées dans cette évaluation.

Art. 7.

Le Directeur et les Professeurs qui seront duement autorisés à cesser leurs fonctions, après vingt ans révolus de services effectifs au Conservatoire de Musique, auront droit à une pension sur la Caisse spéciale de cet Établissement.

Cette pension sera du tiers du traitement fixe, pour vingt ans de service, et s'accroîtra du soixantième dudit traitement par chaque année de service au-delà de vingt ans, sans pouvoir excéder la moitié du traitement.

Art. 8.

Néanmoins, le Directeur et les Professeurs qui compteront quinze ans révolus de services effectifs dans l'Établissement, auront droit à pension, s'ils sont mis à la réforme, soit pour cause d'infirmités graves duement constatées, soit par suite de la suppression de leur emploi, et, dans ce cas, la pension ne sera payée qu'à partir de l'âge de quarante ans révolus, et sera pour chaque année de service d'un soixantième du taux moyen du traitement des quatre dernières années d'activité.

Art. 9.

Les employés du Conservatoire de Musique n'auront droit à pension qu'après trente ans révolus de services effectifs salariés par l'État, et soixante ans d'âge; moitié au moins de ces services devront avoir été rendus dans cet Établissement.

La pension sera du tiers du taux moyen des quatre dernières années de leur traitement fixe.

Néanmoins, en cas d'infirmités graves, duement constatées, ou de suppression d'emploi, il pourra être accordé une pension aux employés qui compteraient vingt-cinq ans de services et cinquante ans d'âge. La pension sera liquidée dans la proportion établie au paragraphe précédent.

Art. 10.

Aucune pension ne pourra excéder la moitié de la moyenne du traitement d'activité durant les quatre dernières années.

Art. 11.

Les liquidations seront établies sur le nombre effectif des années, mois et jours de service.

Art. 12.

Les Directeurs, Professeurs et employés réformés pour une des causes exprimées aux articles 8 et 9 de la présente ordonnance, après cinq ans révolus de services effectifs, et sans avoir droit à pension , recevront , à titre d'indemnité , une fois payée , six mois de leur traitement annuel ; mais ils ne pourront prétendre en aucun cas au remboursement des retenues qu'ils auront subies.

TITRE III.

Secours aux Veuves.

Art. 15.

Lorsqu'un Directeur, Professeur ou employé décédera en activité de service, ayant acquis droit à pension, sa veuve pourra obtenir, à titre de secours, un tiers de la pension qui aurait été accordée à son mari, s'il eût été admis à la retraite.

Il n'y aura pas lieu à ce secours :

1° Si la veuve est âgée de moins de trente ans et sans enfans ;

2° Si elle est mariée depuis moins de cinq ans ;

3° Si elle est en état de séparation de corps ;

4° Enfin, si elle ne prouve pas qu'elle n'a pas de moyens d'existence équivalens à la pension de son mari.

Art. 14.

Les dispositions de l'article précédent seront applicables aux veuves des Directeurs, Professeurs et employés qui décéderont jouissant d'une pension de retraite fixée et liquidée en exécution du présent réglement.

Art. 15.

Il ne pourra être liquidé de nouvelles pensions sur la Caisse du Conservatoire de Musique, qu'après qu'il aura été constaté que cette Caisse présente les moyens suffisans pour les acquitter.

Art. 16.

Notre Ministre Secrétaire-d'État au département du Commerce

et des Travaux publics est chargé de l'exécution de la présente ordonnance, qui sera insérée au Bulletin des Lois.

Donné à Neuilly, le 31 août 1832.

Signé LOUIS-PHILIPPE.

Par le Roi,

Le Pair de France, Ministre Secrétaire-d'État du Commerce et des Travaux publics,

Signé Comte d'Argout.

---

10 Novembre 1832.

AVIS *à Messieurs les artistes, employés et préposés de l'Académie royale de Musique sur leur position à l'égard de la Caisse des Pensions.*

D'après les instructions de M. le Ministre du Commmere et des Travaux publics, la Commission de surveillance auprès de l'Académie royale et du Conservatoire de Musique est chargée d'exposer à MM. les artistes, employés et préposés de l'Opéra, quelle est leur position à l'égard de la Caisse des pensions de ce théâtre.

1. Les artistes, employés et préposés qui étaient attachés à l'Académie royale au 31 mai 1831, et qui n'ont pas été réformés ou mis à la retraite, continuent à acquérir des droits éventuels sur ladite Caisse des pensions, aux termes de l'ordonnance du 1er novembre 1814, à la charge par eux tous de subir une retenue de 5 pour 100 sur leur traitement.

2. Ceux des sujets de l'Académie royale mentionnés dans l'article précédent qui ont voulu ou voudront être exempts de la retenue de pension, perdront tout droit au bénéfice de l'ordonnance du 1er novembre 1814, mais n'en resteront pas moins soumis au réglement du 5 mai 1821. Les retenues prélevées antérieurement sur leurs traitemens ne pourront leur être rendues.

3. Ceux desdits sujets de l'Académie royale, dont les traite-mens ont été augmentés depuis le 1er juin 1831, n'acquerront qu'une pension proportionnée à leur traitement au 31 mai 1831, à moins que leur nouveau traitement n'ait été autorisé, sur la proposition de la Commission de surveillance, par M. le Ministre du Commerce et des Travaux publics. A défaut de cette autori-sation, la retenue ne devra pas frapper sur l'augmentation de ce traitement.

4. Les sujets de l'Opéra qui avaient au moins cinq ans de ser-vice au 31 mai 1831, ou ayant droit à une pension proportion-nelle, ou attachés au théâtre par un engagement de quinze ans, en vertu des réglemens, pourront, si leurs traitemens ont été ou sont réduits à partir du 1er juin 1831, sur le rapport de la Com-mission et avec l'autorisation du Ministre, acquérir une pension proportionnée au paiement dont ils jouissaient à l'époque de la réduction, pourvu qu'ils aient consenti ou consentent à subir la retenue sur leur ancien traitement.

5. Lorsque le Directeur voudra mettre à la réforme un artiste, employé ou préposé de l'Académie royale ayant droit à une pen-sion proportionnelle, il devra en faire la proposition à la Commis-sion de surveillance ; et, si la Commission est d'avis de la réforme, elle en fera l'objet d'un rapport au Ministre, qui prononcera.

6. La même marche sera suivie lorsque le Directeur désirera modifier la condition des artistes, employés et préposés de l'Aca-démie ayant droit à une pension proportionnelle, ou des pre-miers sujets ou remplacemens du chant et de la danse engagés pour quinze ans en vertu des réglemens.

7. Les sujets engagés par le Directeur qui ne faisaient pas partie de l'Académie royale au 31 mai 1831 ne pourront, en au-cun cas, réclamer le bénéfice de l'ordonnance du 1er novembre 1814. Leurs traitemens ne sont pas sujets à la retenue. Les amendes qu'ils pourront subir ne seront point versées à la Caisse des pensions.

8. Les sujets de l'Opéra qui cumulent deux traitemens ne peuvent acquérir une pension que sur le plus élevé de ces traitemens. Néanmoins, les deux traitemens sont sujets à la retenue, conformément à l'art. 24 de l'ordonnance du 1er novembre 1814.

9. En aucun cas, les artistes, employés et préposés de l'Académie royale ne peuvent cumuler le traitement d'activité et le traitement de pension. Toutefois, le Ministre pourra ne pas suspendre le paiement de la pension si le pensionnaire remplit un emploi non rétribué directement ou indirectement.

10. Les retenues ne peuvent être rendues en aucun cas.

11. Du reste, rien n'est changé aux droits des veuves et des enfans, toutes les dispositions de l'ordonnance du 1er novembre 1814 étant maintenues, ainsi que les ordonnances et réglemens auxquels il n'a pas été dérogé.

Paris, le 10 novembre 1832.

Pour la Commission de surveillance,

Le Pair de France, Aide-de-Camp du Roi,
Président,

Duc De Choiseul.

31 Août 1835.

ORDONNANCE DU ROI *portant création d'une Commission spéciale des Théâtres royaux et du Conservatoire royal de Musique.*

Louis-Philippe , etc.

Article premier.

Une Commission spéciale sera établie sous l'autorité du Ministre de l'Intérieur , pour assurer l'exécution des réglemens, statuts, arrêtés et stipulations concernant les théâtres royaux et le Conservatoire de Musique.

Sont nommés membres de cette Commission :

MM. le duc DE CHOISEUL, *Président ;*

DE KÉRATRY, *Vice-Président ;*

Baron DE LASCOURS;

PÈDRE LA CAZE ;

Edmond BLANC;

A. BERTIN,

D'HENNEVILLE.

ART. 2.

Les Commissaires royaux assisteront aux délibérations de la Commission, avec voix consultative, lorsque leur présence sera nécessaire.

ART. 3.

Notre Ministre , etc.

Signé LOUIS-PHILIPPE.

Le Ministre de l'Intérieur,

Signé THIERS.

6 Mai 1836.

LETTRE *de M. le Comte de Montalivet, Ministre de l'Intérieur, à M. le Duc de Choiseul, Président de la Commission spéciale des Théâtres royaux, tendant à ce qu'il soit adressé au Ministre un rapport sur l'effet de chaque ouvrage nouveau représenté à l'Opéra, et un rapport annuel sur la situation de l'Opéra-Comique.*

Monsieur le Duc et cher collègue, j'ai reçu la lettre en date du 29 mars, par laquelle la Commission spéciale des Théâtres

royaux me demande si je désire qu'elle m'adresse, après les premières représentations des ouvrages nouveaux exécutés à l'Opéra,
un rapport détaillé sur l'effet de ces représentations, et sur le
plus ou le moins d'efforts faits par le Directeur-Entrepreneur,
pour donner au spectacle une pompe digne de l'Académie royale
de Musique.

Je pense, M. le Duc et cher collègue, qu'il est utile que la
Commission spéciale des Théâtres royaux m'adresse son rapport
sur chaque première représentation, ainsi que le faisait l'ancienne
Commission de surveillance. C'est le moyen le plus sûr de m'é-
clairer sur la direction de l'Opéra. L'usage approuvé par mes
prédécesseurs doit donc être maintenu.

Toutefois, la nouvelle constitution de la Commission exige
qu'il soit modifié. L'ancienne Commission adressait au Ministre
des rapports fréquens : 1° après la première représentation de
chaque ouvrage nouveau ; 2° à la fin de chaque mois, pour expli-
quer les certificats concluant au paiement de la subvention ; 3° à
la fin de chaque année, sur l'ensemble de la direction, durant
l'année écoulée. Tous ces rapports embrassaient ordinairement
deux ordres d'idées ou de faits; d'une part, les questions et les
circonstances intéressant l'art, la pompe et la dignité de l'Opéra,
la tendance de la direction et ses efforts, la situation de l'entreprise, etc.; et d'autre part, l'exécution ou la non-exécution des
obligations imposées au Directeur-Entrepreneur, relativement au
personnel, au matériel, au nombre d'ouvrages nouveaux à représenter, etc.

Il y avait inconvénient à ce que la Commission eût à signaler à
l'Administration des infractions qui pouvaient être soumises ensuite à son jugement arbitral. C'est pourquoi mon prédécesseur a
établi auprès de l'Opéra et des autres théâtres lyriques des Commissaires royaux chargés de les surveiller et de faire connaître directement à l'Administration les infractions commises par les Di-

14

recteurs-Entrepreneurs, afin qu'elles pussent être ensuite déférées à l'arbitrage de la Commission, s'il y avait lieu.

Il résulte de là que les rapports de la Commission doivent se borner maintenant à me rendre compte de l'effet des représentations des ouvrages nouveaux, des efforts du Directeur-Entrepreneur, de la tendance de la direction, de la situation de l'entreprise, et en général de tous les faits qui intéressent la dignité du théâtre et l'avenir de l'art. Les occasions de ces rapports se présenteront naturellement à chaque première représentation ; et comme le Directeur-Entrepreneur est tenu de faire exécuter quatre ouvrages nouveaux par an, un tous les trois mois à peu près, la Commission aura, quatre fois dans l'année, à me donner son opinion sur l'Administration de l'Opéra. Le dernier de ces quatre rapports pourra même embrasser l'ensemble de la direction durant l'année écoulée.

Quant à l'Opéra-Comique, il suffira d'un seul rapport à la fin de chaque année théâtrale.

S'il survenait quelque circonstance qui nécessitât une communication exceptionnelle, au sujet de l'un ou de l'autre de ces deux théâtres, j'aurais recours aux lumières de la Commission, si sa sollicitude ne devançait la mienne.

De leur côté, les Commissaires royaux auront à me signaler directement, par des rapports particuliers qu'ils m'adresseront tous les mois après chaque première représentation, et à la fin de chaque année, les infractions commises par les Directeurs, et je déférerai ces infractions au jugement arbitral de la Commission, lorsqu'elles me paraîtront punissables.

Agréez, M. le Duc et cher collègue, l'assurance de ma haute considération.

Le Pair de France, Ministre-Secrétaire-d'État de l'Intérieur,

Signé MONTALIVET.

7 Novembre 1836.

ARRÊTÉ *accordant à M. Duponchel une prolongation de son privilége d'exploitation de l'Académie royale de Musique.*

Nous, Pair de France, Ministre Secrétaire-d'État au département de l'Intérieur.

Vu le deuxième paragraphe de l'article 1ᵉʳ de l'arrêté en date du 15 août 1835, qui a confié à M. Duponchel l'entreprise du théâtre de l'Académie royale de Musique; lequel paragraphe est ainsi conçu : « Six mois avant cette époque (31 mai 1837), si la gestion de M. Duponchel a été satisfaisante, il aura droit à une prolongation de bail de quatre années, aux mêmes conditions; »

Vu le rapport de la Commission spéciale des Théâtres royaux, en date du 9 juillet dernier, lequel établit qu'il y a lieu d'être satisfait de la gestion de M. Duponchel, et que par conséquent il a droit à une prolongation de bail;

Vu les états des recettes et des dépenses de l'Entrepreneur, durant la première année de sa gestion, desquels il résulte qu'en raison des charges onéreuses de l'entreprise, il est à découvert d'une somme assez importante, quoique l'affluence du public ait été plus grande qu'en aucun temps;

Ouï la Commission spéciale des Théâtres royaux, réunie sous notre présidence, laquelle a déclaré : 1° qu'il est urgent de prendre une décision sur la prolongation du bail de l'Académie royale de Musique; que l'incertitude dans laquelle se trouve l'Entrepreneur est funeste, en ce que les engagemens des principaux artistes sont à renouveler; qu'afin d'éviter la désorganisation de l'établissement, il importe de donner de la stabilité et de la durée à l'entreprise; 2° que la portion de subvention allouée pour notre premier Théâtre lyrique a été trop réduite, et qu'il serait prudent, autant dans l'intérêt de l'Etat que dans celui de l'Entrepreneur, de l'augmenter, si cela était possible;

Avons arrêté et arrêtons ce qui suit :

14.

Article premier.

Il est accordé à M. Duponchel, Directeur-Entrepreneur de l'Académie royale de Musique, une prolongation de bail de six années, lesquelles commenceront au 1er juin 1837, et expireront au 31 mai 1843.

Néanmoins, comme le bail actuel du Théâtre royal Italien expirera au 30 septembre 1840, s'il paraît utile à cette époque de réunir dans une même direction l'Académie royale de Musique et le Théâtre royal Italien, et que M. Duponchel ne consente pas à entrer dans cette combinaison, la présente prolongation sera réduite à quatre années, et expirera au 31 mai 1841.

Art. 2.

Le Cahier des charges de cette entreprise, tel qu'il a été établi par l'arrêté de notre prédécesseur, en date du 15 août 1835, est maintenu dans toutes ses conditions.

Art. 3.

Si les résultats futurs de l'entreprise ne prouvent pas que la subvention qui lui est allouée soit suffisante, la Commission spéciale des Théâtres royaux pourra nous proposer l'augmentation qui sera nécessaire; mais il ne sera donné suite à cette proposition qu'autant que la distribution des subventions aux autres Théâtres royaux le permettra.

Signé Gasparin.

25 Mai 1840.

ARRÊTÉ *qui autorise la dissolution de la société existant
entre M. Duponchel et M. le marquis de Las Marismas
pour l'exploitation de l'Académie royale de Musique, et
la formation d'une nouvelle société pour cette entreprise
entre M. Léon Pillet, M. Duponchel et M. le marquis de
Las Marismas.*

Nous, Ministre Secrétaire-d'État au département de l'Intérieur,

Vu la lettre, en date du 15 mai, par laquelle M. Léon Pillet
expose qu'il est en mesure de former une association avec
MM. Duponchel et le marquis de Las Marismas, pour l'entreprise
de l'Académie royale de Musique;

Vu les adhésions à cette proposition, consignées dans la susdite lettre par MM. le marquis de Las Marismas et Duponchel;

Considérant que l'entreprise actuelle de l'Académie royale de
Musique est dans un état peu satisfaisant qui excite des craintes
sur l'avenir de cet établissement; qu'il est par conséquent urgent de modifier l'Administration de ce théâtre; qu'il importe
d'autant plus de prendre cette mesure dès à présent, que le moment approche où la Chambre des députés ayant à s'occuper de la
loi de finances pour l'exercice prochain, pourra donner son as-
sentiment au nouveau contrat;

Considérant que depuis la réduction de la subvention au chiffre de 620,000 francs, plusieurs avis de la Commission spéciale
des Théâtres royaux ont indiqué qu'il serait prudent de l'augmenter, si cela était possible; que cette opinion est justifiée par
la diminution des recettes qui, dans la dernière année, ont été
de 214,000 francs inférieures à celles de l'année précédente; ce
qui constitue l'entreprise actuelle en perte;

Considérant que, s'il est impossible d'accorder à la direction
nouvelle une augmentation de subvention, selon les avis de la

Commission, il est juste du moins de lui assurer une concession assez longue pour qu'elle puisse réaliser les améliorations qu'elle espère et en recueillir les fruits;

Vu l'avis de la Commission spéciale des Théâtres royaux, en date du 16 mai ,

Avons arrêté et arrêtons ce qui suit :

ARTICLE PREMIER.

MM. Duponchel et le marquis de Las Marismas sont autorisés à dissoudre la société en commandite formée par eux pour l'exploitation de l'Académie royale de Musique , et à en former une nouvelle avec M. Léon Pillet, aux conditions suivantes :

1° M. Duponchel se renfermera, selon sa demande, dans les fonctions de Directeur du matériel, seul chargé en cette qualité de ce qui concerne les décorations, les costumes, et généralement la mise en scène;

2° Toutes les autres fonctions seront exclusivement réservées à M. Léon Pillet, en qualité de Directeur du personnel et de l'Administration;

3° M. le marquis de Las Marismas fournira une commandite de 150,000 francs.

ART. 2.

A ces conditions, il est fait à MM. Léon Pillet, Duponchel, et le marquis de Las Marismas, concession de l'exploitation de l'Académie royale de Musique pour *huit années,* à partir du 1ᵉʳ juin prochain, jusqu'au 1ᵉʳ juin 1848.

ART. 3.

Il est alloué aux entrepreneurs une subvention annuelle de 620,000 francs, payable par douzièmes, de mois en mois, pendant toute la durée de la concession.

Néanmoins, à l'expiration de la sixième année, nous nous réservons d'examiner si les résultats de la gestion permettent d'opérer une réduction sur la subvention.

Si, dans ce cas, la réduction que nous jugerions convenable n'était pas consentie par les Entrepreneurs, ils auraient droit de résilier la présente concession.

En ce cas, il ne leur serait point dû d'indemnité, mais les engagemens qu'ils auraient contractés de bonne foi, seraient mis à la charge de leurs successeurs.

Art. 4.

Un nouveau Cahier des charges pour régler les autres conditions de l'entreprise sera établi sur les bases de l'ancien, et les Entrepreneurs seront tenus d'y adhérer, sous peine de nullité du présent.

Signé Ch. Rémusat.

1ᵉʳ Avril 1843.

LETTRE *de M. le Ministre de l'Intérieur à M. le duc de Coigny, Président de la Commission spéciale des Théâtres royaux, relativement à une extension d'attributions.*

Monsieur le Duc,

Je vous prie de vouloir bien informer la Commission que j'ai décidé qu'à l'avenir les questions de diverse nature intéressant les Théâtres secondaires, seront soumises à son appréciation. Ses lumières seront une nouvelle garantie de la justice de mes décisions dans les affaires théâtrales, qui ont besoin d'être conduites avec suite et fermeté. Je ne doute pas que la Commission, qui m'a déjà donné tant de preuves de zèle, ne consente à accepter cette extension d'attributions, qui, du reste, la mettra à même d'embrasser l'organisation tout entière des Théâtres de Paris, et de protéger plus efficacement l'art dramatique et les Théâtres royaux.

Agréez, Monsieur le Duc, l'assurance de ma haute considération,

Le Ministre-Secrétaire-d'État de l'Intérieur,

Signé **T. Duchatel.**

CAHIERS DES CHARGES

DES

THÉATRES ROYAUX,

ET RÉGLEMENT

DU CONSERVATOIRE ROYAL DE MUSIQUE

ET DE DÉCLAMATION.

CAHIERS DES CHARGES

DES

THÉATRES ROYAUX.

ACADÉMIE ROYALE DE MUSIQUE.

28 Février 1831.

EXTRAIT *du Cahier des charges imposé à M. Véron, Directeur-Entrepreneur de l'Académie royale de Musique.*

ART. 3.

La Commission nommée par le Ministre de l'Intérieur, par arrêté du 28 février 1831, sera chargée de surveiller l'exécution des conditions ci-après déterminées. MM. le duc de Choiseul, Edmond Blanc, Hippolyte Royer-Collard, Armand Bertin et d'Henneville, Membres de la Commission, et Cavé, Secrétaire, ne pourront être révoqués pendant la durée de l'entreprise.

ART. 5.

L'Entrepreneur devra respecter les engagemens valablement faits jusqu'à ce jour. En conséquence, à compter du jour de son entrée en jouissance, les traités ou conventions avec tous les auteurs, artistes, sujets et employés seront à sa charge pour tout le temps qu'ils auront à courir.

ART. 11.

Les ouvrages nouveaux devront être montés avec des décorations nouvelles et des costumes nouveaux.

15.

La Commission de surveillance sera juge suprême en cette matière, tant vis-à-vis du Directeur que des auteurs, et pourra seule autoriser le Directeur à se servir d'anciennes décorations auxquelles elle pourra exiger toutes les réparations qu'elle croira convenables.

Art. 24.

L'Entrepreneur ne sera en aucune manière tenu de fournir, soit intégralement, soit en partie, les pensions auxquelles pourront avoir droit les artistes et employés de l'Opéra, en vertu des engagemens antérieurs à sa gestion.— L'Administration y pourvoira seule et directement, ainsi qu'au paiement des anciennes pensions.

En conséquence, l'Entrepreneur sera tenu de verser, chaque mois, entre les mains de la personne qui lui sera indiquée par la Commission de surveillance, le montant des retenues qui, d'après leurs engagemens, doivent être faites sur les traitemens des artistes ou employés engagés avant son entrée en jouissance.

Art. 25.

L'Entrepreneur ne sera tenu d'observer les statuts et réglemens particuliers à l'Opéra qu'envers les personnes valablement engagées sous ce régime. — Dès lors, il sera libre d'imposer à ceux qu'il engagera à l'avenir, telles règles et conditions qui lui sembleront plus convenables.

Art. 26.

En cas de contestation sur l'exécution des différentes clauses du présent traité, l'Entrepreneur sera jugé, par voie d'arbitrage en dernier ressort, et sans recours aucun, par voie de demande en cassation ou de requête civile, par les Membres de la Commission de surveillance, lesquels procéderont comme arbitres volontaires, conformément au Code de procédure civile.

Art. 27.

Chaque contravention aux présentes pourra entraîner contre l'Entrepreneur une amende de 1,000 francs à 5,000 francs, qui sera prononcée par la Commission de surveillance. Cette amende sera prise immédiatement sur le cautionnement, qui, dans ce cas, devra être complété dans les trois jours. L'amende sera versée à la Caisse des pensions.

Après trois contraventions constatées, la Commission de surveillance pourra prononcer la résiliation du présent traité ; le tout sans préjudice de tous dépens et intérêts.

Art. 29.

Aucune des décisions que la Commission est autorisée à prendre ne pourra être exécutée sans l'autorisation du Ministre de l'Intérieur.

30 Mai 1831.

EXTRAIT *du supplément au Cahier des charges de l'Académie royale de Musique* (28 *février* 1831).

Art. 3.

Dans le cas de décès ou de démission d'un des Membres, ou du Secrétaire de la Commission de surveillance, le Ministre désignera verbalement trois personnes à l'Entrepreneur, et celle des trois qu'il acceptera sera nommée par un arrêté spécial du Ministre, sans indication des deux autres.

Art. 24.

Les pensions ne peuvent être cumulées avec un engagement d'activité pris avec le Directeur.

Art. 25.

Les engagemens nouveaux qui dépasseraient la durée du bail de l'Entrepreneur, et les augmentations de traitemens avec engagemens au-delà de cette durée, devront être soumis à l'approbation de la Commission et du Ministre pour être valables après l'expiration du bail. — A cette condition, le Gouvernement sera de droit aux lieu et place de M. Véron. Dans tous les autres cas, les engagemens pris par M. Véron dans les limites de la durée de son bail sont à ses risques et périls, et ils ne pourront jamais donner lieu à une action contre le Gouvernement.

Art. 29.

La Commission de surveillance n'a d'action par elle-même, et sans avoir besoin de recourir à l'autorisation du Ministre, que dans les cas prévus par les articles 7, 11 et 13. L'approbation du Ministre est indispensable dans les cas prévus par les articles 8, 10, 12, 15, 16, 25, 26 et 27, tant du Cahier des charges que du présent supplément.

---

15 Août 1835.

EXTRAIT *du Cahier des charges imposé à M. Duponchel, Directeur-Entrepreneur de l'Académie royale de Musique.*

Art. 58.

En cas de contestation sur les clauses du présent arrêté, en cas de difficultés entre l'Entrepreneur et les artistes et employés de l'Académie royale de Musique soumis au régime des retenues, elles seront jugées par voie d'arbitrage en dernier ressort, et sans recours aucun, par voie de demande en cassation ou de requête civile, par les membres de la Commission des Theâtres royaux, qui procéderont comme arbitres volontaires, conformément au Code de procédure civile.

La Commission ne pourra statuer valablement, comme Tribunal arbitral, que réunie au nombre de cinq membres au moins.

Les décisions arbitrales de la Commission ne seront exécutoires qu'après l'autorisation du Ministre, autorisation qui remplacera l'ordonnance du Tribunal, indispensable pour l'exécution de toute décision arbitrale en matière civile.

L'Entrepreneur déclare accepter l'arbitrage de la Commission, et s'oblige à ne le contester en aucun cas.

Art. 59.

En cas de décès ou de démission d'un ou de plusieurs membres de la Commission, le membre ou les membres seraient nommés par le Roi; mais ils n'auraient qualité d'arbitres qu'autant que l'Entrepreneur n'y mettrait pas opposition, ou que le nombre des membres restans serait au-dessous de cinq.

Si par les mêmes causes il y avait nécessité de renouveler la Commission entière avant la fin de l'exploitation, une nouvelle Commission serait nommée par le Roi, et l'Entrepreneur se soumettrait à son arbitrage, ou il rentrerait, pour la contestation et les amendes, sous la juridiction administrative jusqu'à la fin de son exploitation.

Art. 60.

La Commission se réunira dans le local de l'Académie royale de Musique consacré à ses séances, ou chez son Président, ou au Ministère de l'Intérieur lorsqu'elle y sera convoquée.

Le Ministre pourra la présider quand elle ne sera pas réunie en Tribunal arbitral.

Art. 61.

L'Entrepreneur sera tenu de donner, sans délai, tous les renseignemens qui lui seront demandés, soit par l'Administration, soit par la Commission des Théâtres royaux, soit par le Commissaire royal; de communiquer, au besoin, tous les documens, registres, papiers, et de permettre toutes les visites de lieux pour les vérifications nécessaires.

Art. 62.

Les dispositions qui précèdent sont toutes de rigueur, l'autorisation d'exploiter le Théâtre de l'Académie royale de Musique n'étant accordée à M. Duponchel que sous la condition de leur pleine et entière exécution.

Chaque contravention aux dispositions du présent arrêté pourra entraîner, contre l'Entrepreneur, une amende de 1,000 fr. à 10,000 fr., qui sera prononcée par la Commission, et prise immédiatement, ou sur la portion échue de la subvention, ou sur le cautionnement qui, dans ce cas, devra être complété dans les vingt-quatre heures, sous peine de résiliation.

Ces amendes appartiendront à la Caisse des pensions. Après cinq condamnations à des amendes de 5,000 fr. et au-dessus, la présente concession pourra être annulée.

La Commission pourra pareillement condamner l'Entrepreneur aux dépens et à des dommages-intérêts, indépendamment des amendes.

1ᵉʳ Août 1841.

CAHIER DES CHARGES DE L'ACADÉMIE ROYALE DE MUSIQUE.

Nous, Ministre Secrétaire-d'État au département de l'Intérieur,

Vu l'arrêté ministériel, en date du 25 mai 1840, par lequel (article 1ᵉʳ) MM. Duponchel et le marquis de Las Marismas sont autorisés à dissoudre la Société en commandite formée par eux pour l'exploitation de l'Académie royale de Musique, et à en former une nouvelle avec M. Léon Pillet, aux conditions suivantes :

1° Que M. Duponchel se renfermera, selon sa demande, dans les fonctions de Directeur du matériel, seul chargé, en cette qualité, de ce qui concerne les décorations, et généralement la mise en scène;

2° Que toutes les autres fonctions seront exclusivement réservées à M. Léon Pillet, en qualité de Directeur du personnel et de l'Administration;

3° Que M. le marquis de Las Marismas fournira une commandite de 150,000 francs;

Considérant qu'à ces conditions il a été, par l'article 2 dudit arrêté, fait à MM. Léon Pillet, Duponchel et le marquis de Las Marismas, concession de l'exploitation de l'Académie royale de Musique pour huit années, à partir du 1er juin 1840 jusqu'au 1er juin 1848, sous la réserve exprimée à l'article 3 dudit arrêté;

Considérant qu'à l'article 4 dudit arrêté, il est dit qu'un nouveau Cahier des charges, pour régler les conditions de l'entreprise, sera établi sur les bases de l'ancien;

Vu les lettres de M. le Président de la Commission des Théâtres royaux, en date des 21 janvier et 18 mars 1841, relatives aux modifications qu'il convient d'apporter au présent Cahier des charges;

Considérant qu'il résulte, tant de l'arrêté ministériel précité, que de la lettre en date du 15 mai à nous adressée par M. Léon Pillet, et visée dans ledit arrêté, que dans ladite Société formée pour l'exploitation de l'Académie royale de Musique, deux associés sont seuls, en nom collectif, responsables et solidaires, et le troisième, commanditaire;

Que, par conséquent, MM. Léon Pillet et Duponchel peuvent seuls être titulaires de la concession faite par ledit arrêté, et considérés comme les Entrepreneurs de ladite exploitation,

Avons arrêté et arrêtons ce qui suit :

ARTICLE PREMIER.

Le Théâtre de l'Académie royale de Musique sera exploité par MM. Léon Pillet et Duponchel, dans les termes et conditions de l'arrêté ministériel du 25 mai 1840 précité, et, en outre, à celles qui font l'objet du présent Cahier des charges.

M. Léon Pillet représentera seul ladite Société d'exploitation dans tous les rapports de l'Académie royale de Musique avec l'Administration. En conséquence, il touchera les fonds subventionnels alloués à cette entreprise, et en donnera quittance en sa qualité d'Entrepreneur-Gérant.

Art. 2.

Durant leur exploitation, les Entrepreneurs auront la jouissance, selon les conditions ci-après établies :

1° Du Théâtre de l'Académie royale de Musique, et de tous les bâtimens y contigus appartenant à l'État, et regardés, jusqu'à ce jour, comme nécessaires à l'exploitation ;

2° Des magasins et de l'École de danse dans la cour de la rue Richer, n° 4, tels qu'ils se comportent, sans pouvoir s'opposer à ce qu'il soit construit dans ladite cour, s'il y a lieu, d'autres bâtimens pour le service des autres Théâtres royaux.

Il sera fait récolement, à frais communs, par deux arbitres respectivement choisis, de l'état des lieux du Théâtre de l'Académie royale de Musique et des bâtimens qui en font partie.

Il en sera fait de même pour l'état des lieux, s'il en existe un, des magasins et de l'école de danse de la rue Richer ; s'il n'en existe pas, il en sera dressé un à frais communs.

Art. 3.

Les Entrepreneurs devront entretenir, remettre à la fin de chaque année, et laisser, à l'expiration de leur entreprise, le Théâtre et ses dépendances, ainsi que les magasins et l'École de danse de la rue Richer, en bon état de réparations locatives, et il est bien entendu qu'à l'égard du Théâtre, il ne s'agit pas seulement des réparations locatives prévues par l'article 1754 du Code civil, mais encore de l'entretien des appareils de chauffage et d'éclairage, de la poêlerie et de la fumisterie, des pompes, appareils contre l'incendie, des machines et des cordages, des planches du théâtre, et généralement de tous les objets mobiliers ou immeubles par destination necessaires aux divers services de l'exploitation du Théâtre.

Ils devront prévenir l'Administration des grosses réparations qui pourraient être nécessaires. Ces grosses réparations pourront être à la charge de l'entreprise, si leur nécessité résulte de la faute de l'exploitation.

Les travaux mis par le présent à la charge des Entrepreneurs important à la sûreté du Théâtre et de ses dépendances, il est convenu qu'ils seront exécutés sous la surveillance, et, au besoin, sous la direction des agens de l'Administration, qui pourront toujours veiller à la conservation des bâtimens.

Il est convenu pareillement que les Entrepreneurs entretiendront à leurs frais, et rendront en bon état les machines du Théâtre, et que, s'ils veulent faire opérer des changemens dans ladite machinerie, ils devront obtenir notre autorisation à cet effet. Cette autorisation devra être demandée à l'avance, de manière que l'Administration puisse consulter les gens de l'art dans l'intérêt de la solidité de l'édifice.

A la fin de l'exploitation, tout ouvrage de construction, tout ouvrage scellé, et tous les objets d'exploitation renouvelés, appartiendront à l'État, sans indemnité pour les Entrepreneurs.

Art. 4.

Ils devront faire opérer à leurs frais, une fois par an, durant la semaine sainte, un nettoyage général de toutes les parties de la salle et du théâtre intérieurement. Les peintures à l'huile devront être lessivées, et les peintures à la détrempe convenablement époussetées, ainsi que les banquettes, les appuis des loges et des galeries.

Les Entrepreneurs devront, en outre, entretenir à leurs frais

16.

les alentours et les abords du Théâtre dans un état de propreté convenable, et faire enlever les affiches et dessins qui seraient apposés sur les murs.

Art. 5.

Lorsqu'il sera besoin de restaurer la décoration de la salle de l'Académie royale de Musique, cette restauration sera faite aux frais de l'État. L'Administration sera seule juge de la nécessité et de l'importance de cette restauration, et il lui appartiendra d'en fixer l'époque; mais elle devra faire exécuter ces travaux en quinze jours au plus. Il ne sera dû aux Entrepreneurs aucune indemnité pour l'interruption des représentations qui en pourra résulter; mais la subvention n'éprouvera aucune réduction à raison de cette interruption.

Art. 6.

Les Entrepreneurs seront tenus des frais de garde des magasins, des décors, des costumes, machines et accessoires, des frais de pompiers, de gardes de police et de garde municipale, et, en général, de toutes les dépenses nécessaires à l'exploitation et à la conservation du Théâtre et à ses dépendances.

Ils seront tenus de l'impôt, de la patente et des impositions de toute nature établies ou à établir, tant pour le Théâtre et ses dépendances, que pour les magasins et l'École de danse de la rue Richer.

Ils seront responsables des accidens d'incendie dans le Théâtre et ses dépendances, ainsi que dans les magasins et l'École de danse de la rue Richer, sauf leur recours contre la Compagnie d'assurance avec laquelle ils devront entretenir, et au besoin, compléter l'abonnement existant; néanmoins, leur responsabilité à cet égard sera limitée au capital reconnu par la Compagnie d'assurance.

Des démarches seront faites pour obtenir, soit de cette compagnie, soit d'une autre, un abonnement qui offre plus de garantie à l'État. En cas de succès, l'augmentation de la prime serait à la charge des Entrepreneurs.

Art. 7.

Les Entrepreneurs auront la jouissance, ainsi qu'elle a été concédée par l'Intendance de la Maison du Roi, des ateliers de peinture situés dans la Cour des Menus-Plaisirs, rue du Faubourg Poissonnière, lesquels de tout temps ont été destinés et ont servi aux besoins de l'Académie royale de Musique.

Ils seront responsables de tous les dégâts envers l'Intendance de la Maison du Roi, et devront se conformer à ses prescriptions pour régler la jouissance de ces ateliers.

Art. 8.

Durant leur exploitation, les Entrepreneurs jouiront, sauf les droits et les répétitions du Domaine, des locations faisant partie des bâtimens de l'Académie royale de Musique ; ils pourront renouveler les baux, avec ou sans augmentation de loyer ; mais il leur est interdit de faire d'autres locations que celles qui existent actuellement dans le Théâtre et ses dépendances, ainsi que dans les localités de la rue Richer.

Ils ne pourront, sans notre autorisation, donner ou prêter, même temporairement, pour logement ou pour tout autre usage, aucune des localités dont la jouissance leur est confiée.

Art. 9.

L'Administration se réserve la faculté de disposer du Théâtre pour les bals ou réunions qu'elle pourrait prendre sous sa protection. Dans ce cas, aucune dépense ne serait à la charge des Entrepreneurs. Il leur serait tenu compte par qui de droit des représentations et répétitions que lesdits bals, fêtes ou réunions pourraient faire manquer. Ils seraient même indemnisés des dégâts qui en résulteraient.

ART. 10.

Durant leur exploitation, les Entrepreneurs auront la jouissance selon les conditions ci-après établies :

1° Des décorations, machines et accessoires servant actuellement au répertoire de l'Académie royale de Musique, et des autres décorations, machines et accessoires qui sont dans les magasins de l'Opéra ;

2° Des costumes et accessoires servant actuellement au répertoire de l'Académie royale de Musique, et des autres costumes et accessoires qui se trouvent dans les magasins de l'Opéra ;

3° De tout le mobilier du théâtre, partitions et copies de musique, instrumens, pupitres, quinquets et chaises de l'orchestre, meubles meublans de la salle, des loges du public, des loges des artistes, de la bibliothèque de musique, des ateliers de serrurerie et de menuiserie, des magasins de décorations, machines et accessoires des autres bâtimens dépendans du Théâtre, des magasins et de l'École de danse de la rue Richer.

Il sera fait à frais communs par deux experts respectivement nommés, récolement de l'inventaire descriptif des décorations, machines et accessoires, et seront inventoriés et décrits à la suite, tous les objets nouveaux de même nature qui n'y sont pas portés.

Il sera fait pareillement, à frais communs, et par deux experts respectivement nommés, récolement de l'inventaire estimatif des costumes et accessoires, avec nouvelle estimation, et seront inventoriés, avec estimation de leur valeur actuelle, tous les objets nouveaux de même nature qui n'y sont pas portés.

Les récolemens à opérer devront être terminés avant le 1er janvier 1842, et à cet effet les experts seront nommés dans les trois jours de la signature du présent.

Art. 11.

Les décorations de l'Académie royale de Musique sont divisées en deux parties, conformément aux listes ci-annexées.

La première comprend les décorations des ouvrages au répertoire ou de ceux qui sont susceptibles d'être remontés.

Les Entrepreneurs devront conserver, entretenir et rendre ces décorations en bon état ; ils n'en pourront disposer que pour faire représenter les ouvrages auxquels elles appartiennent, pour les faire concourir, s'ils obtiennent notre autorisation, à l'ensemble des décorations nouvelles, en rafraîchissant les peintures, si besoin il y a, mais sans altérer leur forme.

La deuxième liste comprend les décorations complètes ou partielles des ouvrages abandonnés.

Les Entrepreneurs veilleront pareillement à la conservation de ces décorations ; elles seront à leur disposition, soit pour être repeintes, soit pour servir sous une nouvelle forme à la construction de décorations nouvelles. L'Administration sera prévenue de ces changemens de forme, pour en faire mention sur les inventaires.

Les accessoires des décorations, portans, praticables, herses, chars, gloires, rampes, et généralement tous les objets de cette nature formant le mobilier de la scène, devront être conservés et entretenus par les Entrepreneurs, qui devront les rendre en bon état et en nombre égal.

Art. 12.

Les Entrepreneurs seront tenus de conserver, d'entretenir, de renouveler au besoin les costumes et accessoires servant aux ouvrages du répertoire ou à ceux qui peuvent être remontés.

Quant aux autres costumes et accessoires, ils pourront en disposer librement, selon les besoins de leur entreprise. S'ils ne veulent pas prendre à leur charge une partie de ces derniers costumes et accessoires, elle sera distraite des inventaires, et l'Administration en disposera.

A la fin de l'entreprise, les Entrepreneurs seront tenus de laisser en bon état les costumes et accessoires de tous les ouvrages au répertoire et de ceux qui peuvent être remontés, et de rendre à l'État une quantité de costumes et accessoires égale en valeur à la totalité de ceux qui leur sont confiés. S'il y a moins-value, ils devront payer la différence. En cas de plus-value, elle appartiendra à l'État sans indemnité pour les Entrepreneurs.

Art. 13.

Ils seront tenus de la conservation, de l'entretien, et, au besoin, du renouvellement de tout le mobilier détaillé dans le paragraphe 3 de l'article 10.

A la fin de leur exploitation, ils devront le rendre complet et en bon état.

Art. 14.

Les Entrepreneurs devront à la fin de l'exploitation, des matières neuves, pour une somme de 49,281 fr. 33 c., somme égale à celle montant de l'estimation des matières semblables prises en charge par M. Duponchel, au début de sa précédente exploitation. Cette obligation à laquelle il a été soumis aux termes de l'article 14 du précédent Cahier des charges, incombe à la nouvelle exploitation dans laquelle il demeure associé.

Art. 15.

Les Entrepreneurs ne pourront, ni louer, ni prêter, sans notre autorisation, aucun des objets matériels, décorations, machines et accessoires, costumes et accessoires, partitions, mobilier du théâtre et de ses dépendances, dont la jouissance leur est confiée.

Art. 16.

L'État sera propriétaire à la fin de l'entreprise de tout le matériel, machines, décorations et accessoires, costumes et accessoires, mobilier, partitions, etc., etc., créés par les Entrepreneurs, qui n'auront droit à aucune indemnité pour ces objets.

En outre, si quelques objets faisant partie des décorations, machines et accessoires, et du mobilier, ont disparu, sans que les Entrepreneurs puissent justifier de leur emploi, l'État pourra en réclamer le prix.

Art. 17.

Le Contrôleur du matériel continuera de surveiller l'usage qui en sera fait et tiendra les inventaires au courant. Son traitement restera à la charge de l'Administration, mais il sera gratuitement logé dans les bâtimens de l'Académie royale de Musique.

Art. 18.

Dans le mois après la première représentation de chaque ouvrage nouveau, il sera dressé, à frais communs, inventaire de toutes les machines, décorations et accessoires, ainsi que de tous les costumes et accessoires nouveaux qui auront été créés pour cet ouvrage.

Ces inventaires seront faits en triple expédition, la première pour être envoyée au Ministre, la deuxième pour être remise au Contrôleur du matériel, et la troisième pour les Entrepreneurs.

Il sera fait mention sur les inventaires du renouvellement de tout objet composant le mobilier du théâtre.

Art. 19.

Les Entrepreneurs devront donner à l'Administration toutes les facilités pour réunir et mettre en ordre, par les agens qu'elle choisira, tous les dessins des décors exécutés antérieurement à leur gestion, ainsi que pour classer et cataloguer tous les titres et papiers relatifs à l'administration de l'Opéra depuis son origine.

Art. 20.

Il ne pourra être exploité sur la scène de l'Académie royale de

Musique que les genres attribués jusqu'à ce jour à ce théâtre, savoir :

1° Le grand opéra, avec récitatif à orchestre, en deux, trois, quatre ou cinq actes, avec ou sans ballet ;

2° Le ballet-pantomime en un, deux, trois, quatre ou cinq actes.

Les Entrepreneurs ne pourront exploiter aucun autre genre, même dans les représentations à bénéfice, sans notre autorisation spéciale.

Ils auront la faculté de donner des concerts ; néanmoins, un concert ne pourra être substitué à une représentation ni en tenir lieu ; il pourra seulement en faire partie, pourvu que notre autorisation ait été préalablement obtenue.

Les Entrepreneurs auront la faculté de donner des bals durant le carnaval en se conformant aux dispositions générales qui seront arrêtées par le Préfet de police sur les bals. La composition de ces bals et les divertissemens qui en feront partie devront être soumis à notre approbation.

Si les Entrepreneurs veulent céder l'entreprise des bals, ils devront obtenir notre autorisation ; mais, en ce cas, ils seront toujours tenus de surveiller personnellement ces réunions, et ne cesseront pas d'être responsables.

Art. 21.

Aucune pièce ne pourra être représentée sur le théâtre de l'Académie royale de Musique sans notre autorisation préalable.

Avant d'être mise à l'étude, toute pièce, opéra ou ballet, devra nous être soumise, afin qu'il soit examiné si les répétitions peuvent avoir lieu sans inconvénient ; et dix jours avant la représentation, elle devra nous être soumise de nouveau, afin qu'il soit décidé si elle peut être représentée, ou s'il y a lieu ou non d'y faire des modifications ou des suppressions.

Si un ouvrage par nous autorisé devient un sujet de trouble ou de scandale, l'Administration pourra toujours en suspendre les représentations ou ordonner qu'il y soit fait des modifications ou retranchemens, sans que les Entrepreneurs puissent réclamer aucune indemnité.

ART. 22.

Les Entrepreneurs ne pourront faire exécuter, par an, sans notre autorisatien spéciale, plus d'un ouvrage des mêmes auteurs et compositeurs. Toutefois, cette prohibition pourra être levée une fois par an avec notre autorisation.

Aucun artiste, chef de chant, chef d'orchestre, employé à l'Académie royale de Musique, ne pourra faire représenter d'opéra de sa composition sans notre autorisation.

ART. 23.

Les Entrepreneurs ne pourront morceler les ouvrages nouveaux ni les anciens qui n'ont pas été joués par parties, sans notre autorisation spéciale, sauf le droit des auteurs et compositeurs. Cette autorisation pourra être accordée à toujours ou seulement pour un certain nombre de fois, selon la valeur des ouvrages ou leur influence sur le public.

ART. 24.

Les Entrepreneurs seront astreints à faire représenter par an, pendant la durée de leur gestion, au moins quatre ouvrages nouveaux, savoir :

Un grand opéra en trois, quatre ou cinq actes, de la durée de trois heures environ, non remplaçable par des ouvrages d'autre nature ou d'autre durée;

Un second opéra en deux actes ou deux opéras en un acte, dont l'un pourra être un ouvrage traduit, avec de la musique étrangère;

Deux ballets en deux actes au moins : un de ces ballets pourra être remplacé par deux ballets en un acte ou par un opéra en un acte et un ballet en un acte, ou par un opéra en deux actes.

17.

Tout ballet, quoique déjà joué sur un autre théâtre, en France ou à l'étranger, pourra être considéré comme un ouvrage nouveau, si la partition et les pas du ballet sont nouveaux.

Art. 25.

L'engagement relatif au nombre des ouvrages, déterminé par l'article précédent, est de rigueur. ·

Les Entrepreneurs devront diriger leurs travaux de manière à faire représenter un ouvrage nouveau de trois mois en trois mois, à moins qu'il ne leur soit accordé un délai, soit à cause de l'importance de l'ouvrage nouveau, soit à cause du succès de l'ouvrage précédent.

Le compte des ouvrages nouveaux sera réglé tous les deux ans.

Pour le grand opéra, les Entrepreneurs ne pourront être en retard ni en avance d'une année sur l'autre dans chaque période de deux ans.

Quant aux petits opéras et aux ballets ou à leur remplacement, les Entrepreneurs pourront se mettre en avance ou rester en retard de la première année sur la seconde, de la troisième sur la quatrième, et ainsi de suite.

En cas de résiliation par la faute des Entrepreneurs, s'ils étaient en avance d'une ou plusieurs pièces, il ne leur serait dû aucune indemnité ; dans le même cas, s'ils étaient en retard d'une ou plusieurs pièces, une indemnité serait due à l'État.

En cas de résiliation dont la cause ne serait pas imputable aux Entrepreneurs, s'ils étaient en avance, il leur serait dû une indemnité ; ils en devraient une s'ils étaient en retard.

Art. 26.

Si, deux mois avant l'expiration d'une période de deux années, les Entrepreneurs demandent à être dispensés de faire représenter une partie des huit ouvrages nouveaux dus tous les deux ans, cette dispense pourra leur être accordée si le succès des autres pièces suffit pour la prospérité du Théâtre.

Mais, en ce cas, et comme la subvention est allouée pour faire représenter huit ouvrages nouveaux tous les deux ans, les Entrepreneurs pourront être tenus d'indemniser l'État.

Art. 27.

Les Entrepreneurs devront remplir personnellement les diverses fonctions qui ont été déterminées par arrêté du 25 mai 1840, excepté dans le cas de maladie ou de voyage par nous autorisé pour les besoins de l'entreprise. Dans ces cas, ils devront faire agréer un remplaçant temporaire.

Ils ne pourront, dans aucun cas, vendre tout ou partie de l'exploitation concédée par le présent, soit en cédant des portions d'intérêt dans leur entreprise, soit en créant et émettant des actions ; enfin, ils ne pourront rien changer aux conditions de la société définie dans l'arrêté du 25 mai 1840, précité, auquel cas échéant, la présente concession pourrait être annulée.

Art. 28.

Les Entrepreneurs seront tenus de diriger l'Académie royale de Musique, comme il convient à ce premier Théâtre, de le maintenir dans l'état de luxe qui le distingue des autres, sous le rapport de la richesse des décorations et des costumes, et sous le rapport du nombre et des talens des artistes.

Art. 29.

Ils ne pourront composer les affiches de manière à blesser les convenances et à tromper le public.

Art. 30.

Les Entrepreneurs ne pourront, sans notre autorisation, modifier le prix des abonnemens, des billets et des locations de loges, à l'année ou à la soirée, existant actuellement à l'Académie royale de Musique.

Art. 31.

Les représentations de l'Académie royale de Musique ne pourront dépasser quatre par semaine, et auront lieu les lundi, mercredi, vendredi et dimanche ; il sera fait exception pour le mardi-gras, et le premier jour de l'an, si ce jour est un mardi, un jeudi ou un samedi. Pendant la saison du Théâtre Italien, du 1ᵉʳ octobre au 1ᵉʳ mars, les représentations du dimanche ne pourront avoir lieu que tous les quinze jours, de manière que ces représentations alternent avec celles du Théâtre Italien.

Les Entrepreneurs ne pourront, pour cause de répétitions générales ou toute autre, tenir la salle fermée plus de quatre fois par semaine, sans notre autorisation préalable et spéciale.

Les relâches non autorisés et qui ne seront pas suffisamment excusés seront punis d'une amende et de la confiscation du douzième de la subvention mensuelle.

Toute représentation manquée devra être remplacée par une représentation extraordinaire dans le délai d'un mois.

Les Entrepreneurs auront la faculté de donner cinq représentations extraordinaires en dehors des jours ci-dessus désignés.

Art. 32.

La présente concession pourra être annulée, si le Théâtre reste fermé pendant plus de cinq représentations consécutives, sans notre autorisation.

Art. 33.

Les Entrepreneurs s'engagent, chaque fois qu'ils en seront requis, à donner des représentations gratuites sur le Théâtre de l'Académie royale de Musique, au prix de 8,000 francs pour tous frais et dégâts quelconques.

Il nous appartiendra de choisir parmi les pièces du répertoire celles qui composeront ces représentations, pour lesquelles les Entrepreneurs ne pourront refuser le concours des artistes les plus distingués du Théâtre.

Art. 34.

Les Entrepreneurs devront toujours veiller à la bonne exécution des ouvrages du répertoire, maintenir l'éclat et la propreté des décorations et des costumes.

Les ouvrages nouveaux devront être montés avec des décorations nouvelles et des costumes nouveaux.

Pour tous les ouvrages nouveaux, excepté pour les ouvrages en un acte, le tiers au moins des décorations devra être composé de bois et de toiles neufs.

Les peintures seront toujours nouvelles, à moins que les Entrepreneurs n'aient obtenu une dispense.

Ils pourront pareillement obtenir notre autorisation pour employer d'anciens costumes dans les ouvrages nouveaux.

Disposition transitoire. — L'exécution des paragraphes 2 et 4 du présent article, relatif à l'emploi des costumes, est suspendu jusqu'au 1er juin 1843, époque à laquelle nous déciderons de nouveau, la Commission entendue, s'il y a lieu de proroger cette suspension.

Pendant tout ce temps, les Entrepreneurs seront responsables de toute négligence qui serait signalée sous le rapport du nombre, de la convenance et de la fraîcheur de tous les costumes. Ils seront en outre tenus de rechercher dans ces costumes, pour chaque représentation d'ouvrages nouveaux, comme d'ouvrages anciens, l'exactitude et la vérité du style de chaque époque.

Chaque contravention à ces nouvelles charges rendra les Entrepreneurs passibles des amendes établies en l'article 62.

Art. 35.

Ils devront maintenir au Théâtre de l'Académie royale de Musique un ensemble de sujets dignes de ce Théâtre, c'est-à-dire tenir toujours au complet le nombre d'artistes ci-après spécifiés, savoir :

Pour le Chant.

Deux ténors de premier ordre,
Deux ténors de second ordre,
Un baryton ou basse chantante de premier ordre,
Deux basses-tailles de premier ordre,
Deux basses-tailles de remplacement, ou doubles,
Deux premiers dessus de premier ordre,
Deux autres pour remplacement, ou doubles,
Deux cantatrices à voix de contralto, ou demi-soprano.

Il pourra n'en être exigé qu'une seule, à cause de la rareté de cette nature de voix.

Deux coryphées pour chaque nature de voix, nécessaires dans les chœurs.

Pour la Danse.

Trois danseurs de premier ordre, dont deux au moins seront mimes ;

Trois autres pour remplacement, ou doubles, dont deux au moins seront mimes ;

Six danseuses de premier ordre, dont trois au moins seront mimes ;

Six autres pour remplacement, ou doubles, dont trois au moins seront mimes.

Pour les Chœurs du Chant.

Quatre-vingts choristes, hommes et femmes, compris les coryphées, mais non compris les élèves du Conservatoire de Musique, ni les enfans.

Les Entrepreneurs devront toujours entretenir à l'Opéra dix enfans du sexe masculin, qui seront tenus de suivre la classe des chœurs du Conservatoire.

Pour obliger les Entrepreneurs à composer lesdits chœurs de sujets capables, il est entendu que la dépense annuelle pour les quatre-vingts choristes ne pourra être au-dessous de 75,000 fr., non compris les frais d'habillement.

Pour les Chœurs de la Danse.

Trente figurans, dont six chefs de comparses.

Quarante figurantes, dont huit chefs de comparses.

Plus douze enfans, moitié filles et moitié garçons.

Il suffira de six filles, si un nombre égal d'enfans du chant peut figurer dans la danse.

La dépense annuelle des chœurs de la danse ne pourra être au-dessous de 60,000 francs, non compris l'habillement.

Pour l'Orchestre.

Un chef d'orchestre et soixante-dix-neuf musiciens, dont un premier violon capable de remplacer le chef d'orchestre, non compris les instrumentistes exceptionnels qui pourraient être nécessaires pour être placés sur ou derrière le théâtre.

La composition de l'orchestre devra être maintenue dans son ordre actuel, et son coût annuel, en traitemens, ne pourra être au-dessous de quatre-vingt mille francs.

Pour les Études et les Répétitions.

Deux chefs de chant accompagnateurs, pour les répétitions et les études de l'Opéra.

Un accompagnateur ou un violon pour les répétitions et les études de Ballet. Cet emploi pourra être rempli par un artiste de l'orchestre.

Deux maîtres de ballets.

Un professeur de perfectionnement de danse.

Un professeur de danse pour le corps de ballet et les enfans.

Un professeur de pantomime.

Les Entrepreneurs seront tenus d'envoyer au commencement de chaque année à l'Administration un état exact du personnel de l'Opéra, et de la tenir toujours au courant des mutations.

18

Art. 36.

Les artistes et les ouvrages de l'Académie royale de Musique ne pourront être prêtés pour donner des représentations sur les théâtres secondaires.

Les Entrepreneurs pourront les prêter, avec notre autorisation, pour donner des représentations sur les autres théâtres royaux.

Art. 37.

Pour qu'il existe toujours à l'Académie royale de Musique le nombre de sujets nécessaires à la bonne exécution des opéras et des ballets, il ne pourra être accordé de congés par les Entrepreneurs sans notre autorisation. Néanmoins, les congés stipulés dans les engagemens actuellement existans ne pourront être refusés, mais les Entrepreneurs devront nous faire connaître ces stipulations et nous informer desdits congés, quand ils auront lieu.

Un seul des maîtres des ballets pourra être autorisé à s'absenter.

Les chœurs du chant et de la danse, ainsi que l'orchestre, doivent toujours être au complet. Le chef de l'orchestre, les chefs de chant, les professeurs, ne pourront obtenir de congés, ainsi que les employés dont il va être parlé dans l'article suivant.

Art. 38.

Ne pourront être donnés à l'entreprise les services qui intéressent l'art, tels que les chœurs du chant et de la danse, les peintures de décoration ; les Entrepreneurs s'obligent de confier ces services aux artistes les plus habiles en chaque genre.

Il en est de même du service journalier des machines et des décorations, qui continuera à être dirigé par un chef machiniste, ayant sous ses ordres le nombre d'ouvriers machinistes jugé nécessaire d'après l'usage.

La même règle sera suivie pour le service des costumes, qui

continuera à être dirigé par un chef de magasin et un maître tailleur, ayant sous leurs ordres le nombre d'ouvriers tailleurs jugé nécessaire d'après l'usage.

Ne pourront pareillement être donnés à l'entreprise les services des bureaux, du contrôle, des ouvreuses de loges, de la surveillance de la salle, de l'habillement des artistes et des autres services intérieurs du Théâtre, pour lesquels les Entrepreneurs devront maintenir le nombre d'employés suffisant.

Pourront être données à l'entreprise la menuiserie et la charpente des décorations, la fourniture des matières premières, étoffes, bois ouvrable, etc., etc., la chaussure, l'éclairage, le chauffage, le balayage et le cirage, la serrurerie, la tapisserie, la passementerie, le café, le bureau des cannes et manteaux, la librairie, la vente et le louage des lorgnettes, les lieux d'aisance et le service des artifices.

Néanmoins, deux employés seront spécialement chargés de la surveillance de l'éclairage, du chauffage et des artifices, et seront tenus à deux rondes, l'une de jour partout le Théâtre, l'autre de nuit partout le Théâtre et dans les cours.

Les employés chargés du contrôle et de la surveillance de la salle, les placeurs et les ouvreuses de loges devront être proprement habillés.

Deux consignes seront maintenues aux frais des Entrepreneurs, l'une à la porte d'entrée du Théâtre, l'autre à l'entrée de la salle dans la rue Lepelletier.

<h3 style="text-align:center">Art. 39.</h3>

Si quelques-unes des personnes attachées à l'Académie royale de Musique se faisait remarquer par des actes hostiles au Gouvernement du Roi, le Ministre pourrait exiger son expulsion du Théâtre.

<h3 style="text-align:center">Art. 40.</h3>

Les élèves du chant du Conservatoire de Musique seront mis

18.

à la disposition des Entrepreneurs, lorsque les besoins de leur exploitation exigeront cette augmentation de personnel.

Pour ce cas notre autorisation sera nécessaire.

En revanche, les Entrepreneurs ne pourront refuser le concours des artistes de l'Académie royale de Musique pour les exercices du Conservatoire.

Il leur est interdit d'engager à l'Académie royale de Musique des élèves de chants, pensionnaires du Conservatoire, sans notre autorisation.

Art. 41.

Notre autorisation sera nécessaire pour la nomination des médecins attachés à l'Académie royale de Musique.

Art. 42.

Les Entrepreneurs devront respecter les engagemens et traités valablement contractés par l'Administration qui a précédé l'entreprise actuelle, conformément aux statuts et réglemens de l'Académie royale de Musique, de manière qu'à raison de ces engagemens et traités, l'État ne puisse être exposé à aucune répétition.

Il leur est interdit de vouloir modifier en rien sans notre autorisation, soit par une augmentation ou une diminution d'appointemens, soit par des congés de réforme ou de retraite, la condition des artistes ou employés attachés à l'Opéra, avant le 1ᵉʳ juin 1830, et subissant des retenues au profit de la Caisse des pensions, quel que soit leur temps de service, qu'ils n'aient ou qu'ils n'aient pas droit à la pension, et qu'ils soient consentans ou non. Les réglemens seront, du reste, observés à l'égard de ces artistes ou employés pour leur avancement, ainsi que pour leur passage d'un emploi à un autre, en cas d'affaiblissement de moyens.

Les Entrepreneurs ne pourront arbitrairement priver ces artistes de leurs rôles et de leurs feux, et ils devront soumettre à notre approbation les raisons de ces mesures.

Les amendes encourues ne pourront leur être remises sans notre autorisation; elles seront versées, chaque mois, à la Caisse des pensions.

Aucun ne pourra être destitué sans notre autorisation ; les Entrepreneurs pourront seulement prononcer une suspension de service jusqu'à notre décision, qu'ils devront demander sans délai.

Les difficultés qui surviendront entre les Entrepreneurs et ces artistes et employés à raison de leurs engagemens et des réglemens, ne pourront être portés devant les Tribunaux par les Entrepreneurs. Il sera statué sur ces difficultés comme il sera établi plus bas, si lesdits artistes et employés n'aiment mieux recourir à la juridiction ordinaire.

Art. 43.

Si en cas de difficultés avec les artistes et employés de l'Académie royale de Musique, les Entrepreneurs suspendaient le paiement de leur traitement, nous nous réservons le droit d'ordonner, ou en cas de réfus des Entrepreneurs, d'effectuer sur la subvention échue le paiement par prévision desdits traitemens en tout ou en partie.

Art. 44.

Les artistes ou employés de l'Académie royale de Musique retraités ou réformés avec pension entière ou proportionnelle, ne pourront être réemployés à l'Opéra, sans que l'Administration en soit avertie, afin qu'elle puisse empêcher le cumul d'une pension avec un traitement d'activité.

Art. 45.

Les engagemens, traités ou marchés autorisés par le précédent Entrepreneur avec les artistes, auteurs, compositeurs, employés, entrepreneur et fournisseurs, seront à la charge des Entrepreneurs actuels.

Pour les engagemens contractés depuis le 1ᵉʳ juin 1831 et ceux qu'ils pourraient contracter à l'avenir avec de nouveaux sujets, les Entrepreneurs ne seront point tenus de se conformer aux statuts et réglemens de l'Académie royale de Musique, et les difficultés qui naîtront de ces engagemens seront soumis à la juridiction ordinaire.

Néanmoins, ces artistes seront soumis aux peines disciplinaires des statuts et réglemens de l'Académie royale de Musique; il ne pourra leur être accordé de congé sans notre autorisation.

Art. 46.

Les entrées gratuites à l'Académie royale de Musique se divisent en entrées de droit et en entrées de faveur.

Les Entrepreneurs seront tenus de souffrir la jouissance des entrées des personnes que nous reconnaîtrons y avoir droit et dont la liste leur sera notifiée. Cette liste sera revisée tous les ans. Il nous sera loisible d'y ajouter toutes les entrées qui seront motivées sur des mesures sanitaires, d'inspection, de sûreté et de police. Jouiront, en outre, d'entrées gratuites, le Directeur, les Inspecteurs et les Professeurs titulaires du Conservatoire de Musique, à toutes places; les anciens premiers sujets de l'Académie royale de Musique pensionnaires, à l'orchestre, à l'amphithéâtre et aux secondes de côté; et les autres artistes jouissant de pension entière, aux troisièmes de côté et aux quatrièmes. Ces entrées seront pareillement de droit.

Les Entrepreneurs seront tenus de soumettre à notre approbation la liste des entrées de faveur qu'ils jugeront convenable d'accorder. Les entrées ne pourront être accordées pour plus d'une année à moins d'une nouvelle autorisation.

Il est interdit de vendre des entrées dans la salle pour plus d'une année.

Il est pareillement interdit de vendre des entrées sur la scène et dans les coulisses. Il n'en pourra être accordé sans notre autorisation aux personnes étrangères au service du Théâtre.

Les Entrepreneurs ne pourront refuser un échange d'entrées

gratuites pour les premiers sujets entre l'Académie royale de Musique et les autres Théâtres royaux. L'Administration se réserve le droit d'intervenir pour maintenir et régler cet échange.

Art. 47.

La loge N°   sera affectée au Ministre de l'Intérieur.

La loge N°   sera affectée aux Préfets de la Seine et de Police.

La loge N°   sera affectée aux Élèves de chant, pensionnaires du Conservatoire de Musique.

Les Entrepreneurs laisseront jouir M. Lepaute ou ses ayant-droit de la loge qui lui est due une fois tous les dix jours, ainsi que toute autre personne qui justifierait d'un droit légitime de propriété.

Il leur est interdit de faire des concessions de loges à titre onéreux ou gratuit pour plus d'une année. En cas de résiliation ou à la fin de l'entreprise, l'État ne reconnaîtrait pas les concessions.

Art. 48.

Les Entrepreneurs seront tenus de se conformer sans délai aux réglemens de police existans ou à établir, et d'exécuter à leurs frais sous la surveillance et, au besoin, sous la direction des agens de l'Administration, les travaux qui pourraient être prescrits par le Préfet de Police contre l'incendie et pour la salubrité de la salle.

Il est bien entendu que les Entrepreneurs ne seront pas tenus des gros ouvrages de sûreté qu'on ne peut exiger d'un locataire, mais ils devront souffrir qu'ils soient exécutés par l'Administration sans pouvoir exiger d'indemnité.

Art. 49.

Le droit aujourd'hui perçu ou à percevoir à l'avenir au profit des indigens sera à la charge des Entrepreneurs.

Si ce droit venait à être diminué ou supprimé, la subvention pourrait être proportionnellement diminuée.

Art. 5o.

Les Entrepreneurs s'engagent à donner au profit de la Caisse des pensions autant de réprésentations qu'il sera nécessaire pour assurer à cette caisse une somme de 20,000 fr. par année.

Ces représentations auront lieu le dimanche.

Art. 51.

A la fin de chaque mois, les Entrepreneurs devront verser à la Caisse des dépôts et consignations pour le service des pensions de l'Académie royale de Musique, les retenues et amendes qu'ils continueront de prélever sur le traitement des artistes et employés qui acquièrent des droits à une pension.

Art. 52.

Il est alloué aux Entrepreneurs pendant la durée de l'exploitation concédée par l'arrêté ministériel du 25 mai 184o, une subvention annuelle de 62o,ooo fr., payable par douzième, à la fin de chaque mois.

Art. 53.

Les Entrepreneurs seront tenus de fournir, avant leur entrée en jouissance, pour la garantie de l'exécution de leurs engagemens de toute nature relatifs à l'exploitation de l'Académie royale de Musique, un cautionnement de 25o,ooo francs, représentés par une inscription de 12,5oo francs de rentes cinq pour cent.

Ce cautionnement, ainsi que la portion de subvention échue, seront affectés, par privilége, à toutes les reprises, indemnités, amendes, dommages-intérêts que l'Administration pourra avoir à réclamer des Entrepreneurs.

En conséquence, il sera fait déclaration à la Caisse des dépôts et consignations que le cautionnement qui a dû être précédemment déposé par M. Duponchel, est et demeure affecté aux cas de l'exploitation actuelle de MM. Léon Pillet et Duponchel. Ils devront nous justifier de cette déclaration dans le mois qui suivra la signature du présent arrêté.

Art. 54.

Pour obtenir le paiement de la subvention, les Entrepreneurs devront remettre au ministère, à la fin de chaque mois : 1° un double de l'état émargé des traitemens du mois précédent ; 2° la quittance du droit des indigens pour la dernière quinzaine du mois précédent et pour la première quinzaine du mois courant; 3° le reçu du caissier de la Caisse des dépôts et consignations, constatant le versement des retenues et amendes au profit de la caisse des pensions ; 4° à la fin de chaque trimestre, le reçu dudit caissier, constatant le versement du quart de la somme qu'ils sont obligés à verser dans la Caisse des pensions au bénéfice de ladite caisse; 5° à la fin de chaque trimestre, la quittance des primes dues à la compagnie d'assurances ; 6° les quittances de l'impôt, de patente, et, s'il y a lieu, des contributions.

Art. 55.

Sera produit, en outre, pour le paiement de la subvention un certificat constatant l'exécution, pendant le mois précédent, des obligations résultant du présent, lequel certificat, pour être valable, devra être revêtu de l'approbation du président de la Commission des Théâtres royaux et du Conservatoire de Musique, ou, en son absence, du vice-président, ou, à son défaut, d'un membre de ladite Commission déléguée par elle à cet effet.

Il sera rédigé par un Commissaire royal attaché à la Commission et chargé spécialement de la surveillance de l'entreprise.

Art. 56.

La Commission des Théâtres royaux, composée de MM. le Duc de Coigny, Pair de France, président; de Kératry, Pair de France, vice-président; le Baron de Lascours, Pair de France; le

Marquis de Louvois, Pair de France; Edmond Blanc; La Caze, Député; Chaix-d'Est-Ange, Député; Armand Bertin et d'Henneville, sera, avant toute décision, consultée par nous sur toutes les difficultés qui pourront s'élever relativement à l'exécution du présent, et, en outre, sur la prolongation du bail, sur la convenance des ouvrages nouveaux, sur le morcellement des ouvrages anciens, sur les entrées de droit et de faveur dans la salle et sur le théâtre, dans tous les cas d'autorisation et de dispense à demander par les Entrepreneurs, sur toutes les questions intéressant l'art, la prospérité, la dignité et la conservation du théâtre, et enfin sur les dispositions réglementaires qui pourront naître du présent arrêté.

Dans ce cas, le Commissaire royal pourra également assister à ses délibérations avec voix consultative seulement.

Le Directeur des Beaux-Arts pourra également assister à ses délibérations, avec voix consultative seulement.

Art. 57.

Les contestations qui s'élèveraient sur l'exécution des clauses du présent arrêté, les difficultés qui surviendraient entre les Entrepreneurs et les artistes, employés de l'Académie royale de Musique, soumis aux retenues, seront déférées à la Commission, qui donnera son avis au Ministre, lequel statuera, sauf recours au Conseil-d'État.

En cas de démission d'un ou de plusieurs membres de la Commission, le membre ou les membres remplaçans seraient nommés par le Roi. Il en serait de même en cas d'adjonction de nouveaux membres.

Art. 59.

La Commission se réunira dans le local de l'Académie royale de Musique consacré à ses séances, ou chez son président, ou au Ministère de l'Intérieur, lorsqu'elle sera convoquée.

Le Ministre pourra la présider.

Art. 60.

Les Entrepreneurs seront tenus de donner, sans délai, tous les renseignemens qui leur seront demandés, soit par l'Administration, soit par la Commission des Théâtres royaux, soit par le Commissaire royal, de communiquer, au besoin, tous les documens, registres et papiers, et de permettre toutes les visites de lieux pour les vérifications nécessaires.

Art. 61.

Les dispositions qui précèdent sont toutes de rigueur, l'autorisation d'exploiter le théâtre de l'Académie royale de Musique n'étant accordée aux Entrepreneurs que sous les conditions de leur pleine et entière exécution.

Chaque contravention aux dispositions du présent arrêté pourra entraîner contre les Entrepreneurs une amende de 1,000 à 10,000 francs, qui sera prononcée par la Commission et prise immédiatement ou sur la portion échue de la subvention ou sur le cautionnement, qui, dans ce cas, devra être complété dans les vingt-quatre heures, sous peine de résiliation.

Ces amendes appartiendront à la Caisse des pensions.

Après six condamnations à des amendes de 5,000 francs et au-dessus, encourues dans une période de trois ans, la présente concession pourra être annulée.

La Commission pourra pareillement condamner les Entrepreneurs aux dépens et à des dommages et intérêts, indépendamment des amendes.

Art. 62.

La résiliation de l'entreprise concédée par le présent arrêté pourra avoir lieu de deux manières :

1° Par la faute des Entrepreneurs. Dans ce cas, le privilége de l'Académie royale de Musique fera retour à l'Administration, exempt de toutes dettes, obligations, concessions et charges provenant du fait des Entrepreneurs. Elle sera libre de prendre pour le compte de l'État ou de laisser à la charge des Entrepreneurs les engagemens ou traités contractés par eux.

2° Par le refus du vote total ou partiel de la subvention. En ce cas, l'entreprise sera résiliée de droit, dans les six mois, après la notification aux Entrepreneurs, du retranchement opéré au budget, à moins qu'ils ne consentent à subir un retranchement et à continuer l'entreprise avec la subvention réduite. Dans le cas contraire, il sera fait une liquidation, et l'Administration s'engage, autant que les crédits ouverts par les lois de finances lui en donneront les moyens, à tenir compte aux Entrepreneurs des pertes réelles et dûment constatées qui résulteraient de ce cas de force majeure. Mais si, le cas échéant, les Entrepreneurs avaient contracté des engagemens de plus de deux ans de durée, à partir du jour de la notification, et que l'Administration ne consentît pas à les prendre à la charge de l'État, elle ne devrait aucune indemnité pour le temps qui dépasserait ces deux années.

Paris, le 1er août 1841.

Signé : **T. DUCHATEL.**

Nous soussignés, après avoir pris lecture de l'arrêté ci-dessus, déclarons accepter, dans tout leur contenu, les conditions qu'il nous impose, et nous obligeons à les remplir fidèlement, et à subir toutes les conséquences de leur non accomplissement.

Paris, le 1er août 1841.

Signé : Duponchel,

Léon Pillet.

Répertoire de l'Académie royale de Musique.

EXTRAIT *du Registre des délibérations de la Commission spéciale des théâtres royaux* (Séance du 15 janvier 1841).

OPÉRAS :

Fernand Cortez..	2 et 3	actes.
Le Siége de Corinthe.	3	
Moïse.	1	4
Le Dieu et la Bayadère.	2	
Guillaume Tell.	1	3
La Muette.	5	
Le Comte Ory.	2	
Le Philtre..	2	
Robert-le-Diable.	5	
Le Serment.	2	
Gustave.	1	5
Don Juan..	5	
La Juive.	5	
Les Huguenots.	5	
Guido et Ginevra.	5	
Stradella.	3	
La Vendetta..	2	
Le Lac des Fées.	5	
La Xacarilla.	1	
La Esméralda.	1	
Les Martyrs.	4	
La Favorite.	4	

BALLETS.

La Fille mal gardée	2 actes.
Nina	2
Les Nayades	1
Le Carnaval de Venise	
La Somnambule	3
La Sylphide	2
L'Enfer de la tentation	1
La Révolte au Sérail	3
Le Diable boîteux	3
La Fille du Danube	2
La Gypsy	3
La Tarentule	2
Le Diable amoureux	3

THÉATRE ITALIEN.

27 avril 1840.

ARRÊTÉ DU MINISTRE DE L'INTÉRIEUR, *portant concession au sieur Dormoy du privilége du Théâtre-Italien pour trois années, et Cahier des charges.*

Nous, Ministre Secrétaire-d'État au département de l'Intérieur,

Avons arrêté et arrêtons ce qui suit :

ARTICLE PREMIER.

Il est fait au sieur Dormoy (Charles) concession du privilége du Théâtre-Italien pour trois années ; lesquelles commenceront le 1ᵉʳ octobre 1840 et expireront au 30 septembre 1843.

Néanmoins, M. Charles Dormoy pourra, chaque année, avant le 1ᵉʳ janvier, par une simple déclaration à M. le Ministre de l'Intérieur, renoncer au bénéfice de la présente concession pour le reste du temps qu'elle aura encore à courir.

Il sera tenu de faire jouer exclusivement les deux genres d'*opera buffa* et d'*opera seria* pendant au moins six mois de l'année, du 1ᵉʳ octobre au 31 mars.

Il pourra faire jouer, du 1ᵉʳ avril au 30 septembre, des opéras italiens et d'autres opéras étrangers.

Si pendant les six mois qui ne sont pas exclusivement réservés aux représentations d'opéras italiens, il veut faire donner des représentations d'ouvrages non chantés, il ne le pourra sans avoir obtenu préalablement notre autorisation spéciale.

Il aura la faculté de donner des bals pendant le carnaval, en se conformant aux dispositions générales arrêtées par le Préfet de Police.

La composition de ces bals et des divertissemens qui en feront partie devra être soumise préalablement à notre approbation.

Si l'Entrepreneur veut céder l'entreprise de ces bals, il devra obtenir notre approbation, mais, en ce cas, il sera toujours tenu de surveiller personnellement ces réunions, et ne cessera pas d'en être responsable.

Si ces bals devenaient un objet de trouble ou de scandale, l'Administration pourrait toujours en ordonner la suppression, sans que l'Entrepreneur pût réclamer aucune indemnité.

Art. 2.

Le présent privilége devra être exploité dans une salle située sur la rive droite de la Seine.

M. Dormoy ne pourra maintenir le Théâtre royal Italien dans la salle de l'Odéon que si le loyer demandé pour une autre salle était trop élevé, et si les conditions de cette location étaient trop onéreuses ; ce que nous nous réservons d'apprécier.

Art. 3.

Il ne sera alloué à l'Entrepreneur aucune subvention par l'État durant ladite concession.

Art. 4.

Pendant la durée de ladite concession, l'Administration s'engage à n'autoriser sur aucun théâtre de Paris ou de la banlieue de Paris la représentation d'ouvrages lyriques en langue étrangère.

Art. 5.

L'Entrepreneur devra toujours maintenir au complet une troupe d'artistes, un orchestre et des chœurs dignes d'un théâtre royal par le talent et le nombre.

L'inexécution de l'obligation qu'il contracte à cet égard pourra le rendre passible d'amendes, ainsi qu'il sera expliqué plus bas dans les articles relatifs à la Commission des Théâtres royaux.

Art. 6.

L'Entrepreneur ne pourra, sans notre autorisation préalable, engager aucun artiste des théâtres royaux, à moins que ces artistes n'aient quitté ces théâtres depuis deux ans.

Il est entendu qu'il ne sera soumis à cette interdiction qu'autant que les Entrepreneurs ou Directeurs des autres théâtres royaux s'y soumettront.

Art. 7.

L'Entrepreneur devra, pendant toute la durée de la présente concession, mettre la salle du Théâtre-Italien à la disposition de l'Administration pour les fêtes et réunions qu'elle voudrait autoriser. Dans ces cas, aucun frais ne serait à la charge du Directeur-Entrepreneur ; il serait même indemnisé de tous les dégâts que pourraient occasionner lesdites fêtes ou réunions, ainsi que des représentations qu'elles pourraient faire manquer.

Art. 8.

Durant les six mois exclusivement réservés aux opéras italiens, l'Entrepreneur sera tenu de faire représenter au moins deux ouvrages nouveaux ou non encore représentés à Paris, soit de musique italienne, soit d'autre musique étrangère, avec paroles italiennes, ayant l'étendue ordinaire des opéras italiens, avec la richesse de décorations et de costumes convenables à un théâtre royal.

Il pourra néanmoins être autorisé à ne jouer qu'un ouvrage nouveau, si les circonstances motivent cette dispense ; mais il devra toujours faire représenter six ouvrages nouveaux en trois ans.

Art. 9.

Du 1er au 31 mars, l'Entrepreneur sera tenu de donner trois représentations par semaine.

Elles ne pourront avoir lieu que les mardis, jeudis et samedis ; néanmoins, durant ces six mois, il pourra donner six représentations extraordinaires.

20

Il aura, en outre, la faculté de donner des représentations un dimanche sur deux, de manière que, la saison d'hiver du Théâtre-Italien comprenant vingt-six semaines, les représentations du dimanche ne dépassent pas le nombre de *treize*.

Du 1er avril au 30 septembre, il ne pourra donner de représentation que les mardis, jeudis et samedis.

Il ne pourra ouvrir sa salle au public les dimanches.

Si pendant les six mois d'hiver le théâtre restait fermé , sans notre autorisation, plus de cinq représentations consécutives, la présente concession pourrait être annulée.

Art. 10.

En outre de tous les frais d'exploitation, l'Entrepreneur sera tenu de tous les frais de garde et de sûreté.

Art. 11.

Le sieur Dormoy sera tenu de se soumettre à tous les réglemens de police établis et à établir sur les théâtres.

Art. 12.

Le Ministre de l'Intérieur aura tous les jours, comme dans les autres théâtres royaux, la jouissance d'une loge aux premières.

Une loge sera pareillement réservée pour le Préfet de la Seine et le Préfet de Police.

Une autre loge sera à la disposition de la Commission spéciale des théâtres royaux.

Le Ministre de l'Intérieur se réserve dix entrées gratuites dans l'intérêt de l'inspection et de la surveillance.

Une fois par semaine, une loge sera à la disposition du Directeur du Conservatoire de Musique, pour les élèves de cet établissement.

A l'égard des loges et droits d'entrée qui, antérieurement à la date du présent arrêté, auront été acquis à titre onéreux, il est bien entendu que l'Entrepreneur devra en tolérer la jouissance.

Art. 13.

Pour garantir l'exécution des conditions de la présente concession, M. Dormoy devra déposer à la Caisse des dépôts et consignations :

1°. Un cautionnement de 60,000 fr.;

2° Le tiers du prix de la location du loyer et des abonnemens, déduction faite du droit des indigens, au renouvellement de chaque saison ;

3° Il sera autorisé à le retirer par sixième, de mois en mois ;

Enfin, il devra justifier d'un crédit d'au moins 100,000 fr., comme fonds de roulement.

Art. 14.

Toute formation de société par actions, pour l'exploitation du Théâtre royal Italien, est formellement interdite à l'Entrepreneur.

Art. 15.

L'Entrepreneur ne pourra transporter à un autre le droit d'exploitation concédé par le présent, sans avoir fait agréer son successeur par le Ministre de l'Intérieur.

En cas de décès de l'Entrepreneur, ses héritiers conserveront l'exploitation pendant la durée de la présente concession, à la charge par eux de présenter dans les deux mois un Directeur-Gérant à l'agrément du Ministre de l'Intérieur.

Art. 16.

Les dispositions qui précèdent seront toutes de rigueur, l'autorisation d'exploiter le Théâtre royal Italien n'étant accordée que sous la condition de leur pleine et entière exécution.

En cas de résiliation par suite de non-exécution desdites dispositions, les recettes pourront être saisies à la requête de l'Administration, laquelle pourra prendre, en outre, toutes les mesures conservatrices qu'elle jugera convenables, aux frais, risques et périls de l'Entrepreneur.

20.

Art. 17.

La Commission spéciale des Théâtres royaux et du Conservatoire de Musique, instituée par ordonnance royale du 31 août 1835, pour assurer l'exécution des réglemens, statuts, arrêtés et stipulations concernant les Théâtres royaux, étendra sa surveillance sur le Théâtre-Italien. L'Entrepreneur ne pourra lui refuser les renseignemens qu'elle croira devoir demander après notre autorisation.

Art. 18.

La Commission des Théâtres royaux sera par nous consultée, avant toute décision, sur toutes les questions intéressant l'art, la prospérité, la dignité et la conservation du Théâtre-Italien. Le Directeur des Beaux-Arts pourra assister à ses délibérations, avec voix consultative seulement.

Art. 19.

En cas de questions litigieuses qui pourraient s'élever sur l'interprétation ou la non-exécution des présentes clauses et conditions, elles seront jugées, en dernier ressort et sans appel, par la Commission des Théâtres royaux, réunis au nombre de cinq membres au moins, et prononçant comme tribunal arbitral.

Le Commissaire royal, dans ces cas, remplira les fonctions de rapporteur, et concluera au nom du Ministre.

Le Directeur des Beaux-Arts assistera aux délibérations avec voix consultative.

Les décisions arbitrales de la Commission ne seront exécutoires qu'après l'autorisation du Ministre, autorisation qui remplacera l'ordonnance du Tribunal de première instance, indispensable pour l'exécution de toute décision arbitrale en matière civile.

M. Dormoy déclare accepter, et s'engage à ne jamais contester l'arbitrage de la Commission.

Art. 20.

Faute d'exécution de la part de l'Entrepreneur de tout ou partie des clauses et conditions stipulées au présent, ce qui sera constaté par un rapport du Commissaire royal et le jugement de la Commission, lorsque ledit rapport lui aura été transmis par le Ministre, le sieur Dormoy pourra être condamné, par la Commission, à une amende de 5oo à 3,ooo fr.

Après six condamnations emportant amende, la présente cession pourra être résiliée par décision du Ministre.

En cas de résiliation, la présente concession fera retour à l'État, entièrement libre de toutes charges.

Paris, le 27 avril 184o.

Signé : Ch. RÉMUSAT.

Je soussigné, après avoir pris lecture de l'arrêté ci-dessus, déclare accepter, dans tout leur contenu, les conditions qu'il m'impose. Je m'oblige à les remplir fidèlement et à subir toutes les conséquences de leur non accomplissement.

Paris, le 27 avril 184o.

Signé Ch. Dormoy.

OPÉRA-COMIQUE.

12 Mai 1843.

ARRÊTÉ DU MINISTRE DE L'INTÉRIEUR, *accordant à M. Crosnier une prolongation pour l'exploitation du Théâtre royal de l'Opéra-Comique, jusqu'au 3o avril 1853, et Cahier des charges.*

Vu la demande, en date du 11 novembre 1842, à nous adressée par le sieur Crosnier, Directeur-Entrepreneur du théâtre royal de l'Opéra-Comique, à fin de prorogation de l'autorisation d'exploiter ledit théâtre ;

Vu notre arrêté en date du 31 décembre 1835, par lequel l'autorisation a été donnée audit sieur Crosnier d'exploiter le théâtre royal de l'Opéra-Comique jusqu'au 1" mai 1845, aux clauses et conditions contenues audit arrêté ;

Vu l'avis de la Commission des théâtres royaux, en date du.... avril 1843 ;

Vu l'avis du Comité de l'Intérieur du Conseil-d'État, en date du 4 mai 1843, contenant celles des clauses du présent cahier des charges qui ont été soumises à son examen, suivant la lettre ministérielle du 17 avril 1843 ;

Vu le décret du 8 juin 1806 ;

Vu le réglement du 25 avril 1807 ;

Vu la loi du 7 août 1839, relative à la construction de la salle Favart, et ensemble le cahier des charges y annexé ;

Vu le procès-verbal, en date au commencement du 3o novembre 1842, dressé par les arbitres nommés par nous, en exécution de l'article 12 du Cahier des charges précité, pour procéder à la fixation du loyer qui devra être supporté par le Directeur nommé par nous, à l'expiration du privilége dont jouit le Directeur actuel ;

Considérant que l'autorisation donnée par notre arrêté du 31 décembre 1835, expire dans deux années, et qu'il importe de fixer dès à présent les conditions d'après lesquelles devra avoir lieu la future exploitation ;

Considérant que, des comptes, livres et documens communiqués par ledit sieur Crosnier, et vérifiés par la Commission des théâtres royaux, il résulte que des deux périodes de sa gestion actuelle, la première présente des pertes notables et la seconde des bénéfices très-insuffisans pour combler le déficit des premières années ;

Que d'ailleurs, sous tous les rapports, le sieur Crosnier a satisfait à toutes les obligations que lui imposait la mission de diriger le théâtre royal de l'Opéra-Comique ;

Que dès lors, il y a, à la fois, justice et convenance à lui accorder le renouvellement de concession qu'il sollicite ;

Que des modifications aux conditions énoncées dans le Cahier des charges qui régit actuellement l'entreprise jusqu'en 1845, sont devenues nécessaires, tant en ce qui concerne l'exécution de certaines prescriptions de la loi du 7 août 1839, relative à la construction de la salle Favart, et du Cahier des charges y annexé, que sous d'autres rapports relatifs à l'exploitation du théâtre ;

Avons arrêté :

ARTICLE PREMIER.

L'autorisation accordée au sieur Crosnier (François-Louis), pour l'exploitation du théâtre royal de l'Opéra-Comique, par arrêté du 31 décembre 1835, et qui doit expirer le 1er mai 1845, sera annulée à partir du 30 avril dernier.

Il lui est accordé une nouvelle autorisation d'exploiter le théâtre royal de l'Opéra-Comique pour dix années, qui commenceront au premier mai courant, et expireront au 30 avril 1853.

Cette exploitation aura lieu aux clauses et conditions suivantes :

Art. 2.

Conformément aux dispostions de la loi du 7 août 1839 et du Cahier des charges y annexé, le privilége du théâtre royal de l'Opéra-Comique ne pourra être exploité que dans la salle Favart.

En exécution des mêmes dispositions, conformément à la déclaration des arbitres nommés par nous, consignée dans le procès-verbal, en date au commencement du 30 novembre 1842, le loyer qui devra être supporté par le Directeur-Entrepreneur, à partir du 1ᵉʳ mai 1845, jusqu'à la fin du privilége qui lui est accordé par le présent arrêté, est fixé à la somme de cent dix mille francs, tant pour la salle Favart et ses accessoires portés à l'article 1ᵉʳ du cahier des charges précité, que pour le magasin de la rue de Louvois, à la charge, en outre, par ledit locataire, d'acquitter sans diminution de prix de son loyer, les frais de garde et d'entretien, d'assurances, et de supporter les droits réels et servitudes pouvant grever l'immeuble, et notamment les arrangemens énoncés en l'acte fait entre les sieurs Cerfbeer, Crosnier et madame la duchesse de Marmier, le 17 août 1840, relativement à une loge d'avant-scène dont la jouissance est abandonnée à cette dernière; et sous la condition expresse que tous les produits généralement quelconques, de quelque nature qu'ils soient de la salle et de ses dépendances, appartiendront au locataire, sans que l'adjudicataire, sous aucun prétexte, puisse rien prétendre au-delà du loyer ci-dessus fixé; et en outre à la charge de supporter la jouissance gratuite d'une loge au choix de l'adjudicataire, sans néanmoins que ladite loge puisse être cédée par ledit adjudicataire, en tout ou en partie, à titre onéreux, à peine de retrait de ladite jouissance.

En cas de non-paiement par le dit Entrepreneur des dépenses de garde, d'entretien et d'assurances, mis à sa charge par la disposition ci-dessus énoncée du présent article, l'adjudicataire sera tenu de pourvoir à l'accomplissement immédiat de ces charges, sauf son recours contre l'Entrepreneur.

Art. 3.

Le Directeur-Entrepreneur ne pourra représenter sur le théâtre de l'Opéra-Comique que des pièces en français, du genre attribué à ce théâtre par le réglement du 25 avril 1807.

Pour faire jouer des pièces d'un autre genre, même dans les représentations à bénéfice, il devra obtenir notre autorisation.

Il aura la faculté de donner des concerts; il pourra également donner des bals durant le carnaval, en se conformant aux dispositions générales qui seront arrêtées par le Préfet de Police sur les bals, et les divertissemens qui en feront partie devront être soumis à notre approbation.

Si le Directeur-Entrepreneur veut céder l'entreprise des bals, il devra obtenir notre autorisation; mais en ce cas, il sera toujours tenu de surveiller personnellement ces réunions, et ne cessera pas d'être responsable.

Il sera tenu de jouer tous les jours, sauf les cas de force majeure, les relâches nécessaires pour les répétitions des pièces nouvelles et les dispenses qu'il pourra obtenir.

Art. 4.

Les premiers prix de composition musicale auront un tour de faveur dans l'année qui suivra l'expiration du temps de leur pensionnat pour la représentation d'un ouvrage de leur composition à l'Opéra-Comique.

S'ils n'ont pas un poëme accepté par l'Entrepreneur, celui-ci sera tenu de leur en fournir un.

Dans le cas où la partition lui paraîtrait trop faible, une commission nommée par nous décidera si elle peut être exécutée.

Les premiers prix de chant et les premiers prix d'instrument au Conservatoire de musique, qui n'auront pas d'engagement pour d'autres théâtres, auront le droit de jouer au moins une fois dans l'année qui suivra la distribution des prix.

Les élèves du chant ne pourront être engagés qu'avec notre autorisation.

Art. 5.

Le Directeur-Entrepreneur sera tenu de diriger le théâtre de l'Opéra-Comique comme il convient à un théâtre royal, c'est-à-dire de le maintenir au-dessus des théâtres secondaires, tant sous le rapport des décorations et des costumes, que sous le rapport du nombre et des talens des artistes.

Il devra toujours tenir au complet une troupe d'acteurs chantans ainsi composée :

Deux ténors de premier ordre ;

Deux de second ordre pour supplément ;

Une basse-taille de premier ordre ;

Deux basse-tailles de supplément ;

Deux comiques de premier ordre ;

Deux premières cantatrices ;

Une cantatrice de supplément ;

Deux actrices du premier ordre, pour les amoureuses, les ingénuités ;

Deux pour supplément ;

Une duègne ;

Enfin tous les autres accessoires d'usage ;

Plus un orchestre composé au moins de cinquante musiciens présens aux représentations, dont six premiers violons, six seconds, et le reste en proportion, et au moins trente choristes présens aux représentations.

Art. 6.

Le Directeur-Entrepreneur sera tenu de faire représenter au moins par année, vingt actes d'opéras nouveaux.

Il devra faire représenter au moins trois ouvrages en trois actes.

Le compte des ouvrages nouveaux sera fait par période de deux ans, mais de manière, toutefois, que le minimum des ouvrages représentés dans le cours des deux années ne soit pas au-dessous de quinze actes.

Les traductions d'ouvrages lyriques étrangers, ou ouvrages nouveaux avec musique composée pour des théâtres étrangers, ou pastiches, ne sont pas compris au nombre de ceux qui font partie du présent article.

Art. 7.

Il sera astreint à déposer à la caisse des dépôts et consignations un cautionnement de quatre-vingts mille francs pour sûreté et garantie d'exécution des clauses et conditions du présent arrêté.

Art. 8.

Le Directeur-Entrepreneur recevra, à partir du 1er mai 1843, une subvention annuelle de deux cent quarante mille francs, payable de mois en mois par douzième.

Art. 9.

Pour obtenir le paiement de ladite subvention, il sera produit un certificat constatant l'exécution, pendant le mois précédent, des obligations résultant du présent arrêté, lequel certificat, pour être valable, devra être revêtu de l'approbation du Président de la Commission des théâtres royaux, ou en son absence, du Vice-Président, ou à son défaut, d'un membre de ladite Commission, délégué par elle à cet effet. Il sera rédigé par le Commissaire royal attaché au théâtre royal de l'Opéra-Comique, et chargé spécialement de la surveillance de l'entreprise.

Art. 10.

La Commission spéciale des théâtres royaux sera, avant toute décision, consultée par nous sur les difficultés qui pourront s'élever relativement à l'exécution du présent, sur la convenance des ouvrages nouveaux, quand besoin sera, dans tous les cas d'autorisation ou de dispense à demander par l'Entrepreneur, sur toutes les questions intéressant l'art, la prospérité, la dignité et la conservation du théâtre, et enfin, sur toutes les questions réglementaires qui pourront naître du présent arrêté.

Dans ces cas, le Commissaire royal près l'Opéra-Comique assistera aux délibérations, et aura voix consultative seulement.

Le Directeur des beaux-arts pourra assister aux séances de la Commission avec voix consultative.

Art. 11.

L'Entrepreneur sera tenu de donner sans délai tous les renseignemens qui lui seront demandés, soit par l'Administration, soit par la Commission des théâtres royaux, soit par le Commissaire royal; de communiquer au besoin tous les documens, registres et papiers, et de permettre toutes les visites de lieux pour les vérifications nécessaires.

Art. 12.

Dans les deux mois qui suivront la signature du présent acte, le Directeur-Entrepreneur sera tenu de dresser inventaire de toutes les partitions et copies de musique des ouvrages nouveaux exécutés durant l'exploitation régie par l'arrêté du 31 décembre 1835, et nous en adresser deux doubles.

Pendant tout le cours de la concession réglée par le présent arrêté, les partitions et copies de musique des ouvrages nouveaux exécutés durant l'exploitation appartiendront à l'État, sans que l'Entrepreneur puisse réclamer aucune indemnité.

Art. 13.

Le Directeur-Entrepreneur ne pourra exécuter par an plus de trois ouvrages du même compositeur.

Art. 14.

Si un ouvrage devient un sujet de trouble et de scandale, l'Administration conserve le droit d'en suspendre et interdire les représentations, ou d'ordonner qu'il y soit fait des suppressions, sans que l'Entrepreneur puisse réclamer aucune indemnité.

Art. 15.

Le Directeur-Entrepreneur ne pourra, sans autorisation, modifier le prix des abonnemens, des billets et des locations des loges à l'année ou à la soirée, existant aujourd'hui.

Art. 16.

La concession faite au sieur Crosnier sera regardée comme nulle et non avenue dans le cas de fermeture pendant plus de cinq représentations consécutives sans notre autorisation.

Art. 17.

Le Directeur-Entrepreneur de l'Opéra-Comique s'engage à donner des représentations gratis au prix de cinq mille francs pour tous frais ou dégâts quelconques.

Il nous appartiendra de choisir parmi les pièces du répertoire, celles qui composeront ces représentations, pour lesquelles le Directeur-Entrepreneur ne pourra refuser le concours des artistes les plus distingués du théâtre.

Art 18.

La loge n°   sera affectée au Ministre de l'Intérieur.

La loge n°   sera affectée à MM. le Préfet de Police et le Préfet de la Seine.

La loge n°   sera affectée à MM. les Membres de la Commission des théâtres royaux.

Nous nous réservons en outre de fixer le nombre des entrées gratuites nécessitées par le service d'ordre et de surveillance.

Le Directeur-Entrepreneur ne pourra refuser un échange d'entrées gratuites pour les premiers sujets entre l'Opéra-Comique et les autres théâtres royaux.

L'Administration se réserve d'intervenir pour maintenir et régler cet échange, qui ne pourra excéder le nombre de douze par chaque théâtre royal.

Une fois par semaine une loge des troisièmes sera à la disposition du Conservatoire de musique pour les élèves de cet établissement.

ART. 19.

Le Directeur-Entrepreneur devra remplir personnellement les fonctions de Directeur, excepté dans les cas de maladie ou de voyage par nous autorisé, pour les besoins de son entreprise. Dans ce cas, il devra faire agréer son remplaçant provisoire.

Il ne pourra céder l'entreprise concédée par le présent arrêté.

Il lui est interdit de mettre son exploitation en société en commandite par actions.

Si la présente autorisation vient à être annulée, les associés ou les créanciers du Directeur-Entrepreneur ne pourront prétendre au droit de la faire revivre à leur profit.

En cas de décès de l'Entrepreneur, ses héritiers auront la faculté de conserver l'exploitation jusqu'à la fin de la présente concession, à la charge par eux de présenter, dans le délai d'un mois, un Directeur-gérant à notre agrément.

ART. 20.

Le Directeur-Entrepreneur sera obligé de se conformer aux réglemens de police existans ou à établir.

ART. 21.

Défense la plus expresse est faite de dissimuler la recette du théâtre, ou de frustrer l'impôt des pauvres par des entrées, des loges, des billets prétendus gratuits donnés en paiement de frais, cédés ou concédés à quelque prix que ce soit, ou vendus ailleurs qu'aux bureaux établis à son théâtre et soumis au contrôle des bureaux de bienfaisance, le tout à peine de nullité de la présente autorisation.

Art. 22.

Faute d'exécution des clauses et conditions stipulées par le présent arrêté, constatée par un rapport du Commissaire royal, nous pourrons, sur l'avis de la Commission des théâtres royaux, prononcer contre le Directeur-Entrepreneur des amendes de mille à cinq mille francs.

Ces amendes seront prélevées sur le douzième de la subvention à échoir, ou sur le cautionnement qui, dans ce cas, devra être de nouveau complété dans les vingt-quatre heures.

Art. 23.

La présente concession pourra être révoquée en cas d'inexécution des dispositions du présent arrêté par le Directeur-Entrepreneur.

Elle pourra être résiliée en cas de refus de vote total ou partiel de la subvention déterminée dans l'article 8. Dans ce dernier cas, la concession sera résiliée de plein droit et sans indemnité à partir du premier janvier qui suivra la notification qui aura été faite au Directeur-Entrepreneur du refus total ou partiel de la subvention.

Dans un délai de deux mois à partir de ladite notification, le Directeur devra faire connaître s'il consent à continuer l'exploitation avec la subvention réduite. Faute par lui de faire connaître son intention, il sera passé outre à une autre concession.

Dans les cas de révocation et de résiliation ci-dessus prévus, ou à l'expiration de la présente concession, le Directeur concessionnaire sera tenu d'abandonner tout son matériel d'exploitation au nouveau concessionnaire, qui sera tenu de le prendre au prix de l'estimation qui en sera faite par les trois arbitres nommés, les deux premiers contradictoirement, et le troisième par nous.

Art. 24.

L'Entrepreneur aura son recours au Conseil-d'État contre toute décision prise par nous, en cas de contestation sur l'exécution des clauses du présent arrêté, comme en cas de révocation de la présente concession.

Paris, le 12 mai 1843.

Signé T. DUCHATEL.

Je soussigné, après avoir pris lecture de l'arrêté ci-dessus, déclare accepter, dans tout leur contenu, les conditions qu'il m'impose, et m'oblige à les remplir fidèlement, et à subir toutes les conséquences de leur non accomplissement.

Paris, le 12 mai 1843.

Signé CROSNIER.

Pour ampliation :

Le Sous-Secrétaire-d'État au département de l'Intérieur,

Ant. PASSY.

THÉATRE DE L'ODÉON.

15 février 1844.

ARRÊTÉ DU MINISTRE DE L'INTÉRIEUR, *qui nomme le sieur Lireux Directeur-Entrepreneur du Théâtre de l'Odéon, et cahier des charges.*

Vu notre arrêté du 15 juillet 1841, portant concession au sieur d'Épagny, au nom et comme Directeur de la Société formée à cet effet, de la salle de l'Odéon, avec autorisation d'y établir un spectacle permanent pour neuf années à partir du 1er octobre 1841 ;

Vu notre arrêté du 1er février 1842, portant subrogation du sieur Lireux au sieur d'Épagny, dans les fonctions de Directeur du théâtre de l'Odéon ;

Vu l'avis de la Commission spéciale des Théâtres royaux, en date du 19 août 1843 ;

Vu les actes sous seing-privé, passés entre les sieurs Lireux, Mirecourt, Valmore et mesdames Mathilde Payre et consorts, desquels il résulte que la Société fondée entre eux par un acte notarié devant M⁰ Lefébure-Saint-Maur, en date du 19 août 1840, a été dissoute par un consentement mutuel ;

Vu l'avis du Conseil-d'État, en date du 9 février 1844 ;

Avons arrêté :

Autorisation.

ARTICLE PREMIER.

Le sieur Lireux est nommé Directeur-Entrepreneur du théâtre de l'Odéon jusqu'à l'expiration de la concession résultant de l'arrêté du 15 juillet 1841.

22

Art. 2.

Le Directeur-Entrepreneur devra remplir personnellement les fonctions de Directeur, excepté dans le cas de maladie et de voyage par nous autorisé pour les besoins de son entreprise; dans ce cas, il devra faire agréer son remplaçant temporaire.

Le droit que confère cette autorisation étant personnel, il ne pourra le louer, le céder, ou l'affecter en garantie, ni généralement l'aliéner d'une manière quelconque, soit temporaire, soit définitive.

Il lui est interdit de mettre son exploitation en société en commandite par actions; dans le cas où il viendrait à cesser ses fonctions par quelque cause que ce soit, ses associés et créanciers ne pourront prétendre à faire subsister ou revivre, à leur profit, la présente autorisation.

En cas de décès du Directeur titulaire, ses héritiers jouiront des effets de l'autorisation, à la charge par eux de présenter, dans le délai d'un mois, un Directeur agréé par nous.

Surveillance.

Art. 3.

Le théâtre royal de l'Odéon est placé sous la haute surveillance de la Commission spéciale des théâtres royaux, qui sera consultée par nous sur toutes les questions intéressant généralement la Direction et l'Administration de ce théâtre, et en particulier sur les dispositions réglementaires qui pourraient naître du présent arrêté.

Art. 4.

Il y a près du théâtre royal de l'Odéon un Commissaire royal chargé de surveiller toutes les parties du service et de l'Administration.

Concession de la Salle.

Art. 5.

Le Directeur-Entrepreneur aura la jouissance gratuite de la salle de l'Odéon, des objets mobiliers et du matériel qui la garnissent, conformément à l'état des lieux et à l'inventaire qui a été précédemment dressé.

Art. 6.

Le Directeur-Entrepreneur devra entretenir et laisser, à l'expiration de l'entreprise, le théâtre et ses dépendances et les objets du matériel en bon état de réparations locatives. Il est entendu qu'à l'égard du théâtre il ne s'agit pas seulement des réparations locatives prévues par l'art. 1754 du Code civil, mais de l'entretien des pompes et appareils contre l'incendie, des machines et cordages, des planches du théâtre, et généralement de tous les objets mobiliers et immeubles par destination nécessaires aux divers services de l'exploitation du théâtre.

Art. 7.

Le Directeur-Entrepreneur devra faire opérer à ses frais, chaque année, avant la réouverture, un nettoyage général de toutes les parties de la salle et du théâtre intérieurement; les peintures à l'huile devront être lessivées et les peintures à la détrempe convenablement époussetées, ainsi que les banquettes, les appuis des loges et des galeries.

Art. 8.

Le Directeur-Entrepreneur sera responsable des accidens jusqu'à concurrence des sommes pour lesquelles l'immeuble aura été assuré.

Les frais d'assurances sont à sa charge; l'agent devra veiller à ce que les polices soient entretenues et renouvelées de manière à ce qu'il n'y ait aucune interruption d'assurances. Dans le cas où nous trouverions qu'elles n'offrent pas de suffisantes garanties à l'État, nous pourrons exiger un autre abonnement, et l'augmentation de prime, s'il y a lieu, sera à la charge du Directeur-Entrepreneur.

Le Directeur-Entrepreneur sera tenu de l'impôt de la patente et des impositions de toute nature établies ou à établir, ainsi que des frais de garde des pompiers.

Art. 9.

Le Directeur-Entrepreneur sera tenu de respecter les concessions de loges et d'entrées dont le droit sera reconnu par nous, suivant état annexé au présent arrêté, nous réservant la faculté d'y ajouter celles qui seraient reconnues nécessaires pour le service.

Art. 10.

Le Directeur-Entrepreneur devra, pendant toute la durée de la présente concession, mettre la salle de l'Odéon à la disposition de l'Administration pour les fêtes et réunions qu'elle voudrait autoriser, sans pouvoir prétendre à aucune indemnité, si ce n'est pour les dégâts que lesdites fêtes ou réunions auraient occasionnés.

Art. 11.

Les boutiques qui environnent l'Odéon ne font pas partie de la présente concession.

Le Directeur-Entrepreneur devra laisser à l'agent conservateur la jouissance du logement qu'il y occupe actuellement.

Art. 12.

Il ne pourra donner ou prêter, même temporairement, pour logement ou tout autre usage. aucune des localités dont la jouissance lui est confiée.

Art. 13.

Le Directeur-Entrepreneur sera tenu de payer, pendant la durée de son exploitation, le traitement du magasinier affecté au service de l'Odéon, à raison de 75 fr. par mois ; les frais du balayage extérieur de la salle et les frais de chauffage du service de surveillance, sur l'état qui lui en sera présenté par l'agent conservateur du théâtre.

Art. 14.

Il est alloué au Directeur-Entrepreneur une subvention de 60,000 fr., payable par douzième, à la fin de chaque mois.

Art. 15.

Le Directeur-Entrepreneur sera tenu de déposer, à la Caisse des dépôts et consignations, avant le 1ᵉʳ mars 1844, un cautionnement de 30,000 fr., en espèces ou en une inscription de 1,200 fr. de rente 5 pour 100. Ce cautionnement, ainsi que la portion de subvention échue, seront affectés en garantie des engagemens de toute nature contractés par l'Entrepreneur, et par privilége, à toutes les reprises, répétitions, indemnités que l'Administration pourra avoir à réclamer de l'Entrepreneur.

Art. 16.

Pour obtenir le paiement des douzièmes de la subvention, il devra nous remettre, à la fin de chaque mois, un double de l'état émargé des traitemens du mois précédent, auquel seront joints, à la fin de chaque trimestre, la quittance de primes dues à la Compagnie d'assurances et celle des impositions. Ces pièces seront certifiées par le Commissaire royal, qui devra également y joindre un certificat constatant l'exécution des obligations résultant du présent arrêté. Ce certificat devra être visé par M. le Président de la Commission spéciale des théâtres royaux.

Art. 17.

Le Directeur-Entrepreneur devra nous adresser tous les trois mois un état de la situation financière de son entreprise ; il ne pourra refuser au Commissaire royal tous renseignemens, toutes communications qui seraient demandés par lui à cet effet.

Genre et Répertoire.

Art. 18.

Le répertoire du théâtre se composera de tragédies, comédies, drames en prose et en vers.

Pourront, en outre, être jouées sur ledit théâtre les pièces de l'ancien répertoire du Théâtre-Français, pour lesquelles notre autorisation spéciale aura été obtenue à cet effat.

Aucun intermède de musique, chœurs, airs ou morceaux chantés ne pourra faire partie des représentations dudit théâtre. Aucun ouvrage d'un autre genre ne pourra être introduit dans les représentations à bénéfice, sans notre autorisation spéciale.

L'Entrepreneur ne pourra donner des bals sans notre autorisation.

Art. 19.

Le Directeur-Entrepreneur devra donner spectacle tous les jours de l'année, à l'exception des relâches ordonnés ou autorisés chaque année. Il pourra fermer le théâtre du 1er juillet jusqu'au 15 septembre.

Art. 20.

Le Directeur-Entrepreneur devra, dans le cours de l'année théâtrale, qui se comptera du 15 septembre au premier juillet, faire représenter au moins six grands ouvrages en trois et cinq actes et six en un ou deux actes.

Il devra en outre mettre à la scène au moins six grands ouvrages appartenant à l'ancien répertoire du Théâtre-Français.

Il devra nous adresser, à l'expiration de chaque année, le relevé des pièces jouées en exécution de ces dispositions.

Art. 21.

Le Directeur-Entrepreneur devra nous adresser, tous les lundis, une feuille contenant le répertoire de la semaine courante, et, le premier de chaque mois, une feuille contenant l'indication des spectacles joués pendant le mois et le chiffre brut des recettes.

Art. 22.

Le Directeur-Entrepreneur devra soumettre à notre approbation un réglement sur la constitution et les opérations d'un Comité de lecture.

Troupe, Emplois et Débuts.

Art. 23.

Chaque année, au renouvellement de l'année théâtrale, le Directeur-Entrepreneur devra nous soumettre une liste des artistes qu'il se propose d'employer, avec la désignation de leurs emplois et le chiffre de leurs appointemens. Il devra nous donner copie des engagemens passés avec ces artistes, immédiatement après qu'ils auront été contractés.

Cette liste devra être composée de manière à présenter les élémens suffisans pour exploiter le répertoire de ce théâtre ; toutefois, il pourra faire, en outre, les engagemens qu'il jugera convenables.

Pour les pièces nouvelles, la distribution est faite conformément à l'usage, de concert entre le Directeur et l'auteur ; pour les pièces de l'ancien répertoire, le Directeur devra, autant qu'il sera possible, faire paraître successivement, dans les rôles qui leur conviennent, les artistes tenant les mêmes emplois. En cas de contestations à ce sujet, il sera statué par le Commissaire royal.

Art. 24.

Le Directeur-Entrepreneur ne pourra, sans notre autorisation préalable, engager aucun artiste pensionnaire du Théâtre-Français, si ce n'est deux années après qu'il aura quitté ce théâtre, ni aucun élève du Conservatoire de Musique et de Déclamation, si ce n'est une année après la fin ou la cessation de ses études.

Art. 25.

Il devra, à partir du 15 avril de chaque année jusqu'à la clôture, admettre à débuter les artistes élèves du Conservatoire qui leur seront désignés par nous à cet effet. Tout débutant sera préalablement entendu par le Directeur et le Commissaire du Roi.

Les débutans ne pourront choisir leurs rôles que dans les pièces qui seront au répertoire ; ils auront droit à trois débuts ; il sera fait une répétition partielle et une répétition entière de la pièce dans laquelle ils devront jouer.

Afin d'apprécier justement le talent et les moyens du débutant, le Directeur pourra exiger qu'il fasse trois autres débuts dans les rôles de son emploi qu'il désignera.

Art. 26.

Les débutans élèves du Conservatoire qui auront fait preuve de talent, devront, sur notre décision, être engagés immédiatement à raison de cent francs par mois, qui courront du jour de leur premier début, jusqu'à la clôture de l'année théâtrale.

Ces engagemens ne pourront excéder le nombre de quatre, sans y comprendre ceux qui auraient figuré sur la liste dressée au renouvellement de l'année théâtrale.

Dispositions générales.

Art. 27.

L'Entrepreneur sera tenu d'exploiter le Théâtre royal de

l'Odeon dans la direction littéraire qui convient au Second-Théâtre-Français.

Il devra nous communiquer tous les traités qu'il passera avec des tiers pour le service de son exploitation, lorsque la durée de ces traités excédera le terme d'une année.

Il devra nous soumettre un réglement de discipline intérieure.

Art. 28.

Le Directeur-Entrepreneur devra se conformer à toutes les dispositions légales, réglementaires, instructions et consignes qui régissent et régiront les théâtres, et à toutes les prescriptions faites tant par nous que par le Préfet de police, dans l'intérêt de l'ordre et de la sûreté publics.

Art. 29.

Défense la plus expresse est faite au Directeur-Entrepreneur de dissimuler la recette du Théâtre, ou de frustrer l'impôt des pauvres par des entrées, des loges, des billets prétendus gratuits, donnés en paiement de frais, cédés ou accordés à quelque prix que ce soit, ou vendus ailleurs qu'aux bureaux établis à son théâtre et soumis au contrôle des établissemens de bienfaisance, le tout à peine de nullité de la présente autorisation.

Art. 30.

Le Directeur-Entrepreneur ne pourra, sans notre autorisation, modifier le prix des abonnemens, des billets et des locations des loges à l'année ou à la soirée existant aujourd'hui.

Il ne pourra accorder ni vendre des entrées pour plus d'une année, et il devra chaque année nous en soumettre la liste.

Il ne pourra également louer ou concéder des loges au-delà du même temps.

Art. 31.

Les représentations ordinaires ne pourront être annoncées que par des affiches de la dimension généralement adoptée, feuilles timbrées à 5 centimes et à 10 centimes pour les représentations extraordinaires.

ART. 32.

Faute d'exécution des clauses et conditions stipulées par le présent arrêté, constatée par un rapport du Commissaire royal, nous pourrons, sur l'avis de la Commission des Théâtres royaux, prononcer contre le Directeur-Entrepreneur des amendes de cinq cents à deux mille francs.

Ces amendes seront prélevées sur le douzième de la subvention à écheoir, ou sur le cautionnement qui, dans ce cas, devra être de nouveau complété dans les vingt-quatre heures.

ART. 33.

La présente autorisation pourra être retirée :

1° Si le Directeur-Entrepreneur contrevient aux dispositions ci-dessus énoncées ;

2° Si le théâtre de l'Odéon vient à être fermé pendant plus de trois jours sans autorisation ;

3° Si la salle de l'Odéon est incendiée ;

4° Si le Directeur-Entrepreneur tombe en état de faillite ou de mauvaises affaires constaté par le défaut de paiement des artistes du théâtre et par l'impossibilité où il se trouverait d'exercer par lui-même la Direction et la surveillance quotidiennes qui lui sont confiées.

ART. 34.

La présente concession pourra être résiliée en cas de refus du vote total ou partiel de la subvention déterminée dans l'art. 14. Dans ce dernier cas, elle sera résiliée de plein droit et sans indemnité à partir du 1ᵉʳ janvier qui suivra la notification qui aura été faite au Directeur-Entrepreneur du refus total ou partiel de la subvention. Dans un délai de deux mois à partir de ladite notification, le Directeur-Entrepreneur devra faire connaître s'il con-

sent à continuer l'exploitation avec la subvention réduite. Faute
par lui de faire connaître son intention dans le délai fixé, il sera
passé outre à une autre concession. Dans le cas de révocation et de
résiliation ci-dessus prévues, ou à l'expiration de la présente concession, le Directeur-Concessionnaire sera tenu d'abandonner tout
son matériel d'exploitation au nouveau Concessionnaire, qui devra
le prendre au prix d'estimation qui en sera faite par trois arbitres
nommés, les deux premiers contradictoirement et le troisième par
nous.

Art. 35.

Les contestations qui s'élèveraient sur les clauses du présent arrêté seront soumises à la Commission spéciale des Théâtres royaux,
qui nous donnera son avis, sur lequel nous statuerons.

Art. 36.

Nous nous réservons, si l'expérience en démontre la nécessité,
de modifier, dans l'intérêt du Second-Théâtre-Français, les dispositions réglementaires du présent arrêté, en ce qui concerne l'administration théâtrale.

Signé T. DUCHATEL.

Pour ampliation :

Le Sous-Secrétaire d'État au département de l'Intérieur,

Signé A. Passy.

23.

TABLE DES MATIÈRES.